書名：述卜筮星相學
系列：心一堂術數古籍珍本叢刊　其他類
作者：〔民國〕袁樹珊撰

主編、責任編輯：陳劍聰
心一堂術數古籍珍本叢刊編校小組：陳劍聰　素聞　梁松盛　鄒偉才　虛白盧主

出版：心一堂有限公司
地址／門市：香港九龍尖沙咀東麼地道六十三號好時中心LG 六十一室
電話號碼：+852-6715-0840　+852-3466-1112
網址：publish.sunyata.cc
電郵：sunyatabook@gmail.com
網上書店：http://book.sunyata.cc
網上論壇：http://bbs.sunyata.cc/

版次：二零一四年五月初版
平裝

港幣　一百三十八元正
定價：人民幣　一百三十八元正
新台幣　四百三十元正

國際書號：ISBN 978-988-8266-72-2

香港及海外發行：香港聯合書刊物流有限公司
地址：香港新界大埔汀麗路三十六號中華商務印刷大廈三樓
電話號碼：+852-2150-2100
傳真號碼：+852-2407-3062
電郵：info@suplogistics.com.hk

台灣發行：秀威資訊科技股份有限公司
地址：台灣台北市內湖區瑞光路七十六巷六十五號一樓
電話號碼：+886-2-2796-3638
傳真號碼：+886-2-2796-1377
網路書店：www.govbooks.com.tw
www.bodbooks.com.tw
經銷：易可數位行銷股份有限公司
地址：台灣新北市新店區寶橋路二三五巷六弄三號五樓
電話號碼：+886-2-8911-0825
傳真號碼：+886-2-8911-0801
email：book-info@ecorebooks.com
易可部落格：http://ecorebooks.pixnet.net/blog

中國大陸發行・零售：心一堂書店
深圳地址：中國深圳羅湖立新路六號東門博雅負一層零零八號
電話號碼：+86-755-8222-4934
北京地址：中國北京東城區雍和宮大街四十號
心一店淘寶網：http://sunyatacc.taobao.com

心一堂術數古籍　珍本叢刊　總序
整理

術數定義

術數，大概可謂以「推算（推演）、預測人（個人、群體、國家等）、事、物、自然現象、時間、空間方位等規律及氣數，並或通過種種『方術』，從而達致趨吉避凶或某種特定目的」之知識體系和方法。

術數類別

我國術數的內容類別，歷代不盡相同，例如《漢書・藝文志》中載，漢代術數有六類：天文、曆譜、五行、蓍龜、雜占、形法。至清代《四庫全書》，術數類則有：數學、占候、相宅相墓、占卜、命書、相書、陰陽五行、雜技術等，其他如《後漢書・方術部》、《藝文類聚・方術部》、《太平御覽・方術部》等，對於術數的分類，皆有差異。古代多把天文、曆譜、及部份數學均歸入術數類，而民間流行亦視傳統醫學作為術數的一環；此外，有些術數與宗教中的方術亦往往難以分開。現代學界則常將各種術數歸納為五大類別：命、卜、相、醫、山，通稱「五術」。

本叢刊在《四庫全書》的分類基礎上，將術數分為九大類別：占筮、星命、相術、堪輿、選擇、三式、讖諱、理數（陰陽五行）、雜術（其他）。而未收天文、曆譜、算術、宗教方術、醫學。

術數思想與發展——從術到學，乃至合道

我國術數是由上古的占星、卜筮、形法等術發展下來的。其中卜筮之術，是歷經夏商周三代而通過

「龜卜、蓍筮」得出卜（筮）辭的一種預測（吉凶成敗）術，之後歸納並結集成書，此即現傳之《易經》。經過春秋戰國至秦漢之際，受到當時諸子百家的影響、儒家的推崇，遂有《易傳》等的出現，原本是卜筮術書的《易經》，被提升及解讀成有包涵「天地之道（理）」之學。因此，《易・繫辭傳》曰：「易與天地準，故能彌綸天地之道。」

漢代以後，易學中的陰陽學說，與五行、九宮、干支、氣運、災變、律曆、卦氣、讖緯、天人感應說等相結合，形成易學中象數系統。而其他原與《易經》本來沒有關係的術數，如占星、形法、選擇，亦漸漸以易理（象數學說）為依歸。《四庫全書・易類小序》云：「術數之興，多在秦漢以後。要其旨，不出乎陰陽五行，生尅制化。實皆《易》之支派，傳以雜說耳。」至此，術數可謂已由「術」發展成「學」。

及至宋代，術數理論與理學中的河圖洛書、太極圖、邵雍先天之學及皇極經世等學說給合，通過術數以演繹理學中「天地中有一太極，萬物中各有一太極」（《朱子語類》）的思想。術數理論不單已發展至十分成熟，而且也從其學理中衍生一些新的方法或理論，如《梅花易數》、《河洛理數》等。

在傳統上，術數功能往往不止於僅僅作為趨吉避凶的方術，及「能彌綸天地之道」的學問，亦有其「修心養性」的功能，「與道合一」（修道）的內涵。《素問・上古天真論》：「上古之人，其知道者，法於陰陽，和於術數。」數之意義，不單是外在的算數、歷數、氣數，而是與理學中同等的「道」、「理」--心性的功能，北宋理氣家邵雍對此多有發揮：「聖人之心，是亦數也」、「萬化萬事生乎心」、「心為太極」。《觀物外篇》：「先天之學，心法也。……蓋天地萬物之理，盡在其中矣，心一而不分，則能應萬物。」反過來說，宋代的術數理論，受到當時理學、佛道及宋易影響，認為心性本質上是等同天地之太極。天地萬物氣數規律，能通過內觀自心而有所感知，即是內心也已具備有術數的推演及預測、感知能力；相傳是邵雍所創之《梅花易數》，便是在這樣的背景下誕生。

《易・文言傳》已有「積善之家，必有餘慶；積不善之家，必有餘殃」之說，至漢代流行的災變說及讖緯說，我國數千年來都認為天災，異常天象（自然現象），皆與一國或一地的施政者失德有關；下至家族、個人之盛衰，也都與一族一人之德行修養有關。因此，我國術數中除了吉凶盛衰理數之外，人心的德行修養，也是趨吉避凶的一個關鍵因素。

術數與宗教、修道

在這種思想之下，我國術數不單只是附屬於巫術或宗教行為的方術，又往往是一種宗教的修煉手段——通過術數，以知陰陽，乃至合陰陽（道）。「其知道者，法於陰陽，和於術數。」例如，「奇門遁甲」術中，即分為「術奇門」與「法奇門」兩大類。「法奇門」中有大量道教中符籙、手印、存想、內煉的內容，是道教內丹外法的一種重要外法修煉體系。甚至在雷法一系的修煉上，亦大量應用了術數內容。此外，相術、堪輿術中也有修煉望氣（氣的形狀、顏色）的方法；堪輿家除了選擇陰陽宅之吉凶外，也有道教中選擇適合修道環境（法、財、侶、地中的地）的方法，以至通過堪輿術觀察天地山川陰陽之氣，亦成為領悟陰陽金丹大道的一途。

易學體系以外的術數與的少數民族的術數

我國術數中，也有不用或不全用易理作為其理論依據的，如揚雄的《太玄》、司馬光的《潛虛》。也有一些占卜法、雜術不屬於《易經》系統，不過對後世影響較少而已。

外來宗教及少數民族中也有不少雖受漢文化影響（如陰陽、五行、二十八宿等學說）但仍自成系統的術數，如古代的西夏、突厥、吐魯番等占卜及星占術，藏族中有多種藏傳佛教占卜術、苯教占卜術、擇吉術、推命術、相術等；北方少數民族有薩滿教占卜術；不少少數民族如水族、白族、布朗族、佤族、彝族、苗族等，皆有占雞（卦）草卜、雞蛋卜等術，納西族的占星術、占卜術，彝族畢摩的推命術、占卜術……等等，都是屬於《易經》體系以外的術數。相對上，外國傳入的術數以及其理論，對我國術數影響更大。

曆法、推步術與外來術數的影響

我國的術數與曆法的關係非常緊密。早期的術數中，很多是利用星宿或星宿組合的位置（如某星在某州或某宮某度）付予某種吉凶意義，并據之以推演，例如歲星（木星）、月將（某月太陽所躔之宮次）等。不過，由於不同的古代曆法推步的誤差及歲差的問題，若干年後，其術數所用之星辰的位置，已與真實星辰的位置不一樣了；此如歲星（木星），早期的曆法及術數以十二年為一周期（以應地支），與木星真實周期十一點八六年，每幾十年便錯一宮。後來術家又設一「太歲」的假想星體來解決，是歲星運行的相反，週期亦剛好是十二年。而術數中的神煞，很多即是根據太歲的位置而定。又如六壬術中的「月將」，原是立春節氣後太陽躔娵訾之次而稱作「登明亥將」，至宋代，因歲差的關係，要到雨水節氣後太陽才躔娵訾之次，當時沈括提出了修正，但明清時六壬術中「月將」仍然沿用宋代沈括修正的起法沒有再修正。

由於以真實星象周期的推步術是非常繁複，而且古代星象推步術本身亦有不少誤差，大多數術數除依曆書保留了太陽（節氣）、太陰（月相）的簡單宮次計算外，漸漸形成根據干支、日月等的各自起例，以起出其他具有不同含義的眾多假想星象及神煞系統。唐宋以後，我國絕大部份術數都主要沿用這一系統，也出現了不少完全脫離真實星象的術數，如《子平術》、《紫微斗數》、《鐵版神數》等。後來就連一些利用真實星辰位置的術數，如《七政四餘術》及選擇法中的《天星選擇》，也已與假想星象及神煞混合而使用了。

隨着古代外國曆（推步）、術數的傳入，如唐代傳入的印度曆法及術數，元代傳入的回回曆等，其中我國占星術便吸收了印度占星術中羅睺星、計都星等而形成四餘星，又通過阿拉伯占星術而吸收了其中來自希臘、巴比倫占星術的黃道十二宮、四元素學說（地、水、火、風），並與我國傳統的二十八宿、五行說、神煞系統並存而形成《七政四餘術》。此外，一些術數中的北斗星名，不用我國傳統的星名：天樞、天璇、天璣、天權、玉衡、開陽、搖光，而是使用來自印度梵文所譯的：貪狼、巨門、祿存、文曲，廉貞、武曲、破軍等，此明顯是受到唐代從印度傳入的曆法及占星術所影響。如星命術的《紫微斗數》及堪輿術的《撼龍經》等文獻中，其星皆用印度譯名。及至清初《時憲曆》，置閏之法則改用西法「定氣」。清代以後的術數，又作過不少的調整。

陰陽學——術數在古代、官方管理及外國的影響

術數在古代社會中一直扮演着一個非常重要的角色，影響層面不單只是某一階層、某一職業、某一年齡的人，而是上自帝王，下至普通百姓，從出生到死亡，不論是生活上的小事如洗髮、出行等，大事如建房、入伙、出兵等，從個人、家族以至國家，從天文、氣象、地理到人事、軍事，從民俗、學術到宗教，都離不開術數的應用。我國最晚在唐代開始，已把以上術數之學，稱作陰陽（學），行術數者稱陰陽人。（敦煌文書、斯四三二七唐《師師漫語話》：「以下說陰陽人謾語話」，此說法後來傳入日本，今日本人稱行術數者為「陰陽師」）。一直到了清末，欽天監中負責陰陽術數的官員中，以及民間術數之士，仍名陰陽生。

古代政府的中欽天監（司天監），除了負責天文、曆法、輿地之外，亦精通其他如星占、選擇、堪輿等術數，除在皇室人員及朝庭中應用外，也定期頒行日書、修定術數，使民間對於天文、日曆用事吉

凶及使用其他術數時，有所依從。

中國古代政府對官方及民間陰陽學及陰陽官員，從其內容、人員的選拔、培訓、認證、考核、律法監管等，都有制度。至明清兩代，其制度更為完善、嚴格。

宋代官學之中，課程中已有陰陽學及其考試的內容。（宋徽宗崇寧三年〔一一零四年〕崇寧算學令：「諸學生習……並曆算、三式、天文書。」，「諸試……三式即射覆及預占三日陰陽風雨。天文即預定一月或一季分野災祥，並以依經備草合問為通。」

金代司天臺，從民間「草澤人」（即民間習術數之士）考試選拔：「其試之制，以《宣明曆》試推步，及《婚書》、《地理新書》試合婚、安葬，並《易》筮法，六壬課、三命、五星之術。」（《金史》卷五十一・志第三十二・選舉一）

元代為進一步加強官方陰陽學對民間的影響、管理、控制及培育，除沿襲宋代、金代在司天監掌管陰陽學及中央的官學陰陽學課程之外，更在地方上增設陰陽學之課程（《元史・選舉志一》：「世祖至元二十八年夏六月始置諸路陰陽學。」）地方上也設陰陽學教授員，培育及管轄地方陰陽人。（《元史・選舉志一》：「（元仁宗）延祐初，令陰陽人依儒醫例，於路、府、州設教授員，凡陰陽人皆管轄之，而上屬於太史焉。」）自此，民間的陰陽術士（陰陽人），被納入官方的管轄之下。

至明清兩代，陰陽學制度更為完善。中央欽天監掌管陰陽學，明代地方縣設陰陽學正術，各州設陰陽學典術，各縣設陰陽學訓術。陰陽人從地方陰陽學肆業或被選拔出來後，再送到欽天監考試。（《大明會典》卷二二三：「凡天下府州縣舉到陰陽人堪任正術等官者，俱從吏部送（欽天監），考中，送回選用；不中者發回原籍為民，原保官吏治罪。」）清代大致沿用明制，凡陰陽術數之流，悉歸中央欽天監及地方陰陽官員管理、培訓、認證。至今尚有「紹興府陰陽印」、「東光縣陰陽學記」等明代銅印，及某某縣某某之清代陰陽執照等傳世。

清代欽天監漏刻科對官員要求甚為嚴格。《大清會典》「國子監」規定：「凡算學之教，設肄業生。滿洲十有二人，蒙古、漢軍各六人，於各旗官學內考取。漢十有二人，於舉人、貢監生童內考取。附學生二十四人，由欽天監選送。教以天文演算法諸書，五年學業有成，舉人引見以欽天監博士用，貢監生童以天文生補用。」學生在官學肄業、貢監生肄業或考得舉人後，經過了五年對天文、算法、陰陽學的學習，其中精通陰陽術數者，會送往漏刻科。而在欽天監供職的官員，《大清會典則例》「欽天監」規定：「本監官生三年考核一次，術業精通者，保題升用。不及者，停其升轉，再加學習。如能黽勉供職，即予開複。仍不及者，降職一等，再令學習三年，能習熟者，准予開複，仍不能者，黜退。」除定期考核以定其升用降職外，《大清律例》中對陰陽術士不準確的推斷（妄言禍福）是要治罪的。《大清律例．一七八．術七．妄言禍福》：「凡陰陽術士不許於大小文武官員之家妄言禍福，違者杖一百。其依經推算星命卜課，不在禁限。」大小文武官員延請的陰陽術士，自然是以欽天監漏刻科官員或地方陰陽官員為主。

官方陰陽學制度也影響鄰國如朝鮮、日本、越南等地，一直到了民國時期，鄰國仍然沿用着我國的多種術數。而我國的漢族術數，在古代甚至影響遍及西夏、突厥、吐蕃、阿拉伯、印度、東南亞諸國。

術數研究

術數在我國古代社會雖然影響深遠，「是傳統中國理念中的一門科學，從傳統的陰陽、五行、九宮、八卦、河圖、洛書等觀念作大自然的研究。……傳統中國的天文學、數學、煉丹術等，要到上世紀中葉始受世界學者肯定。可是，術數還未受到應得的注意。術數在傳統中國科技史、思想史，文化史、社會史，甚至軍事史都有一定的影響。……更進一步了解術數，我們將更能了解中國歷史的全貌。」（何丙郁《術數、天文與醫學中國科技史的新視野》，香港城市大學中國文化中心。）

可是術數至今一直不受正統學界所重視，加上術家藏秘自珍，又揚言天機不可洩漏，「（術數）乃吾國科學與哲學融貫而成一種學說，數千年來傳衍嬗變，或隱或現，全賴一二有心人為之繼續維繫，賴以不絕，其中確有學術上研究之價值，非徒癡人說夢，荒誕不經之謂也。其所以至今不能在科學中成立一種地位者，實有數困。蓋古代士大夫階級目醫卜星相為九流之學，多恥道之；而發明諸大師又故為惝恍迷離之辭，以待後人探索；間有一二賢者有所發明，亦秘莫如深，既恐洩天地之秘，復恐譏為旁門左道，始終不肯公開研究，成立一有系統說明之書籍，貽之後世。故居今日而欲研究此種學術，實一極困難之事。」（民國徐樂吾《子平真詮評註》，方重審序）

現存的術數古籍，除極少數是唐、宋、元的版本外，絕大多數是明、清兩代的版本。其內容也主要是明、清兩代流行的術數，唐宋以前的術數及其書籍，大部份均已失傳，只能從史料記載、出土文獻、敦煌遺書中稍窺一鱗半爪。

術數版本

坊間術數古籍版本，大多是晚清書坊之翻刻本及民國書賈之重排本，其中豕亥魚魯，或而任意增刪，往往文意全非，以至不能卒讀。現今不論是術數愛好者，還是民俗、史學、社會、文化、版本等學術研究者，要想得一常見術數書籍的善本、原版，已經非常困難，更遑論稿本、鈔本、孤本。在文獻不足及缺乏善本的情況下，要想對術數的源流、理法、及其影響，作全面深入的研究，幾不可能。

有見及此，本叢刊編校小組經多年努力及多方協助，在中國、韓國、日本等地區搜羅了一九四九年以前漢文為主的術數類善本、珍本、鈔本、孤本、稿本、批校本等數百種，精選出其中最佳版本，分別輯入兩個系列：

一、心一堂術數古籍珍本叢刊

二、心一堂術數古籍整理叢刊

前者以最新數碼技術清理、修復珍本原本的版面，更正明顯的錯訛，部份善本更以原色精印，務求更勝原本，以饗讀者。後者延請、稿約有關專家、學者，以善本、珍本等作底本，參以其他版本，進行審定、校勘、注釋，務求打造一最善版本，供現代人閱讀、理解、研究等之用。不過，限於編校小組的水平，版本選擇及考證、文字修正、提要內容等方面，恐有疏漏及舛誤之處，懇請方家不吝指正。

心一堂術數古籍 珍本 整理 叢刊編校小組

二零一三年九月修訂

述卜筮星相学

聶其杰題

本書提要

是編計十餘萬言。釐爲八卷。以周易、太乙、遁甲、六壬、棊卜、字卜、選吉屬卜筮。以推命、相人、相宅、相墓、屬星相。純粹以科學方法說明之。且引經據典尋流溯源。提要鉤玄。語無泛設。至我國、及東西各國、卜筮星相學之書目。其世所罕見者。本書均一一備錄。非惟足供留心斯學者之參考。卽研究天文、地質、生理、心理、論理、法律、政治、經濟、生物、化學、礦物、歷史、算術、醫學、哲學等學者。亦所當知也。

題字

述卜筮星相學

趙戴文題

採輯宏富
術古易新

節錄
內政部趙部長致尌珊仁兄書中語

弟蘊潤寬篆

戊辰冬

述卜筮星相學

莊蘊寬題

述卜筮星相學 題字

樹珊先生大鑒

因果分明

吳興王震題

戊辰冬日

探原立論

邢震南題

邢震南印

誠明明矣

蔣園

袁樹珊先生大著

抉奧探源

神乎技矣

陸龍翔謹題

陸龍翔印

袁樹珊先生大著

言皆有出
語不離經

陳濬敬題

陳濬

述卜筮星相學

樹珊仁兄同道大著

道通天地

學貫中西

弟王顧如敬題

樹珊仁兄先生大著

辨五行五常大義

述三才三綱微言

愚弟馮曜敬題

凌序

鎭江袁子樹珊、術而俠者也其端居深念視人之禍福窮通若有諸身謀必策萬全於以充其俠之量而神其術之用敏剛嘗謂以袁子之俠而謀國能矯今日詐虞虛僞之風而登斯民於康樂和親之域其隱於術者乎邇者敏剛遷新居蘇州袁子自里中來爲謀所以神其術者若庖若寢、若牖若戶、從則吉違則否視敏剛之禍福窮通爲袁子一身所有何其俠歟敏剛不習陰陽家言不能盡如其術之所云然益有意於其人故人之重袁子者其術敏剛則以其俠瀕去手所譔述卜筮星相學一書留示敏剛謂有恢其觸忌者乞一言弁諸簡端以廣讀者之意敏剛受之不敢辭昔唐韓愈氏闢佛以尊儒而于浮屠文暢之出游贈之以文美其墨名而儒行今袁子固術其技而俠其心者然則敏剛之敍是書也、亦猶韓子之於文暢也凌敏剛謹識

吳序

河洛圖書乃格物致知之祖江洲紘管多窮形盡相之辭有先天自有後天元探龍馬惟君子亦惟公子化啓睢麟悔吝吉凶事理則察來彰往盛衰治亂人生則原始要終發揮者則六爻謳詠者則六義適情則游息藏修淑性則興觀羣怨剛柔動靜作易者其有憂患乎善惡貞淫爲詩者非無懲勸也甚矣夫卜筮星相之書胡可廢哉潤州有　袁先生樹珊者悟徹三才包羅萬象讀羣書而搜二酉談數理而貫六壬仰溯大撓詔黃帝四千年之正統俯思至聖廣素王七十子之眞傳辨是辨非振纓希古知興知廢舊袂論今燭照無遺明燃犀火鑑觀有赫朗映蟾輪經史具存元元本本鬼神如在見見聞聞豈古人之說爲無稽而後進之言皆有據耶況

新政府多舊通儒道德長氏文章壽世既申明乎國粹復寅亮乎天工嗚鳳岐山躍魚靈沼卜休咎而營郃室相陰陽而觀流泉天作高山地分淸

涓周京永定幽館不荒並蓄兼收九流不棄周諮博訪六府孔修稅桑田而夙駕星言行草野而徵車宿學有見夫祖龍帥暴詩易猶存司馬好奇律文俱載吾想　袁先生於此博引繁徵借書於手旁稽遠紹成誦在胸訂墜拾遺妙藝振千秋之緒抱殘守缺大同呼三代之英

中山固靈爽式憑下土亦生成攸賴赤伏曾經卜兆四七運而合符紫陽特著筮儀十八變而成卦犧爻綜錯象緯循環龜鑑推行鴻鈞運動外身正而內心正上德成而下器成甚矣夫卜筮星相之書詢有裨於天下後世之有國家者五行洪範推之即五憲大綱三略陰符廣之即三民主義卜商言小道雖遠泥而可觀管輅辨老生雖常談而有識鬼幽鬼躁望氣先知邦亂邦危觀天先覺八門變化以利行軍九野周圍以資定位治則進亂則退明哲之卜疑觀所由察所安至人之相士離黃篤實昃戒日中賁白文明化成天下萬物皆備備自五材兩儀既叅叅於八卦民生之窮達國運之隆汚年歲之歉豐寒暑之來往生才之消長必視陽陰潮汐之

虛盈必隨朔望麟經災異屬辭所以警愚鴻寶默玄知足所以免辱謂天
命不足畏著拗相之奸謂神道有可憑設周官之教四時經緯職重羲和
七政璣衡書傳太史抉十三經之精蘊蒐念四史之名言風后握奇天文
有志分釐八卷願諸君視勿弁髦合綜一編愧老悖序猶冠首戊辰仲秋
古歙東園弟吳承烜拜撰

湯序

甦者道出京口與　袁君樹珊晤談　袁君謂富貴利達不足恃惟卓然有以自見乃爲可貴此其淡於榮利樂道自得略可想見非尋常星相家所能道及也近著述卜筮星相學一書元元本本殫見洽聞屬爲之序濟惟卜筮之起原甚久卜者灼剝龜甲與契刻牛羊骨等察其縱橫之兆以斷吉凶筮字許氏說文未見僅有籫字从竹从𢀷𢀷古文巫字而口部有噬字水部有澨字其爲籒奪可知否則筮字筆畫較爲簡單不應轉孳乳於後也筮者揲蓍以立變化之數要其源皆出於易我國學者研究經籍率不能得其精要實爲退化之一確證如尙書記言春秋三傳記事詩采風謠而後人論史僅知記述形式上事實之一法三禮深切日用除瑣屑不合現時社會情狀外大有討論餘地而注重者寥若晨星論孟謹於庸言孝經行乎庸德率不知身體力行爾雅中言詁訓之界域至嚴至廣亦復少所闡發至易則爲羣經中之尤古者據數理以推斷方來執簡

䭾繫寓至變於至常之中可謂諸學術之總學術易之本字卽蜥蜴之蜴篆作上象其首下象四足俗所謂四足蛇者是其尤大者爲龍說文龍字下說能幽能明能細能巨能短能長西人謂地層中三疊系層有極大之恐龍、蝙蝠龍、魚形龍、蛇頸龍等蓋古有今無之動物中西學說一也古人用動物名書者已不經見足以表示其導原於初民狀態之理想所以舉似其外形者謂之象探索其內蘊者爲之象皆取義於動物矣而卜筮所用之蓍龜則一爲植物一爲動物左氏傳僖四年乃有筮短龜長不如從長之說一一可以印證之也濟嘗謂求學之方貴乎虛心懷疑則取材富而進步速近人動輒執主觀以抹倒一切所謂賢者不免良用歎惜甚或任情破壞惟恐古器物、古載籍之或有遺留此與蠻族之蹂躪文明國境何異要知眞正迷信無須用此種手段破除而學術因之日益膚淺大足爲國脈與民族之殷憂尤可笑者聞西人有催眠術有化學則曰此精深之科學也崇拜之不遺餘力讀我國龜策傳、丹汞書則痛斥之笑爲迷

信實則同出一原視研究之適宜與否而已

先總理定考試為五權之一使凡在國民名一藝者必令精研而考試之如唐制各種技術之皆可選考我知方技者流亦必與他種學術互競猛進日益昌明自不至入於迷信一途否則一如柔術圍碁然創自我國轉不若日本人造詣之深可恥孰甚至星象入於天文學之範圍本在教學之列相術與用才取友在在有密切關繫稍有常識之人本不至絕對屏棄東西各國亦有骨相術手相術之名詞其理視卜筮等為顯著較易說明要之與社會上事業有益可以促學術之進化不宜無所別擇一並斥絕若夫為個人之禍福利害計專求趨避之方而移禍害於他人者此則為道德上法律上所不許自宜力予以制裁者爾

中華民國十七年十二月三十日吳興湯濟滄序

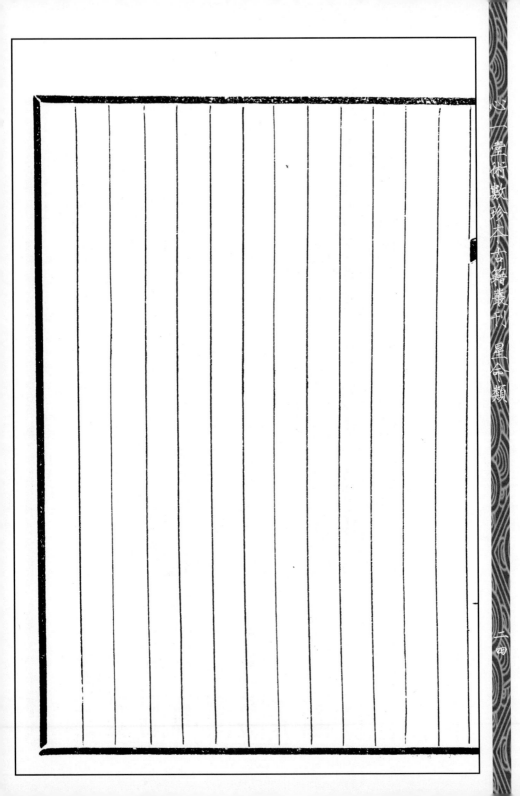

姚序

陰陽五行之學。肇於河洛。而其本在天。夫孰能毀之。然而今之所謂學者。皆將以爲妄而毀之矣。烏乎此所以爭亂之未已也。中庸曰思知人不可以不知天。天既不知矣。則其威何往而不可侮哉。此爭亂之所以未已也。鎭江袁君樹珊。精卜筮星相。既聞名於天下。乃述其學爲一書。而索序於予。予於斯學無所得。將何以應之。雖然。卜筮星相。皆陰陽五行之顯於用者也。陰陽五行予之所習焉者也。陰陽五行。自孔子而前伏羲神農黃帝堯舜禹湯文武周公。與夫蒼頡大撓歧伯風后力牧伶倫玄女地典鬼臾區契稷皐陶尹說箕比太公望散宜生。無或敢侮之。自孔子而後。周秦諸子。漢經師。以及魏晉之玄談。隋唐之詞章。宋明之理學。亦無或敢侮之。予自束髮受書。既略覩其大要。盖深信而不疑。夫既信陰陽五行之必然。乃知天不可見而見之於卜筮星相。雖陰陽五行之所流露者。不囿於此。而此固亦所以用陰陽五行通天道之捷徑也。予所見如此。此則袁君之索。烏可以無應。夫不知陰陽五行而毀之。是自絕於天也。又從而侮之。則天威何畏。爭亂無已焉。學者儻能稍留意於卜筮星相。吾知其不敢毀矣。袁君此書其亦救世之所必取者夫。烏乎。今所謂學者。孰不知聲光化電之爲通自然之郵。其能觸類而旁通焉。庶不河漢吾言歟。袁君學有本原。予故序之以爲天下告。若夫江湖餬口之徒。將拾陰陽五行之牙慧以惑人。則謂之迷信。迷信在所必誅。固非予之所譽也。歲在丙寅上海姚明煇叙

張序

近世物質文明。率多擯斥迷信不知迷信二字。亦大有辨。好怪僻之行者。迷也。非信也。悟庸常之理者。信也。非迷也。何也。怪僻則虛而且妄無憑以信之。迷而已矣。庸常則確有可見。確有可指。自能深信而弗疑。迷云乎哉。吾鄉袁君樹珊。精研理數。述卜筮星相學。編纂成書。問序於余。余於此學未經涉獵。不敢言及精邃。謹就人所共見事可指明者。推勘庸常之理。以還質諸樹珊。夫卜筮星相之學。不外乎陰陽五行。有陰陽卽有五行。有五行卽有生尅。而理與數之或盈或虛或消或長胥現焉。於何現之。於卜筮星相現之。人生兩間。天爲陽。地爲陰。日爲陽。月爲陰。晝陽而夜陰。晴陽而雨陰。男陽而女陰。此實據也。據陰陽之理。以闡發卜筮星相。此可信也。倘斥爲迷。試問人能不爲天覆。不爲地載。不爲日月所照乎。試問人能不分晝夜。不歷雨晴。且不辨男女乎。金木水火土。五行生尅。無可易移。此實據也。據五行生尅之理。以闡發卜筮星相。此可信也。倘斥爲迷。是必水火不相濟。廢除烹飪而後可。是必金木土一無所用。廢除鑛冶宮室及一切器具菽粟布帛而後可。嗚乎兩間之形形色色。皆天然之物質。無一能離乎陰陽。無一能離乎五行。此謂天地之大文。此謂天地之開明。卜也筮也星相也。其理基於天地間至大至宏之物質文明。而變化錯綜。蘄於深奧。實則人所共見。事可指明。而爲至庸至常之語耳。惜河洛圖書以後。精此學者如管輅嚴君平李虛中袁天罡麻衣僧輩。雖代有聞人。而世俗以小道弗爲眞傳。漸失積久。就湮。即偶有其才。亦孤立無援。羣相掩耳驚駭。遂使庸常之理。與怪僻之行同目爲迷信。而弗提倡而昌大之。是可嘅已。今樹珊以是編行世。意在延已墜之緒。洩久秘之玄。其功何可沒歟。至若化學數學電學地質學生理學。凡科學與卜筮星相學息息相通者。均融貫爲一。經史子集先哲評論。暨東西各國書籍。凡有關於卜筮星相學者。均引證詳賅。此一十九篇中。窮原竟委。備陳可信之據。力避迷信之譏。洋洋巨觀。洵稱傑作。讀者自能領悟。茲不贅言。戊辰仲冬同里張恩壽拜序

錢序

卜筮星相之學。世俗咸謂不及科學之名貴。甚至有痛斥之者。余不敏。不敢謂世俗之論爲非是。然考諸尙書、謀及卜筮。孝經、卜其宅兆。詩經、我辰安在。新論、命相賢愚可見。卜筮星相之學說由來尙矣。再考諸命理函權、歷言干支二十二字。如化學之符號。陰陽五行生尅。莫不與數學、電學、地質學、生理學息息相通。是卜筮星相學已具有各種科學也。近讀聶雲臺先生所著耕心齋隨筆。詳載與譚組菴先生、暢論星命。證驗數事。既言命定之有據。復言星命與代數同一理。星學直同於科學。以此證之。益信命理函權之言。尙非侈論。而況骨相學一書。開宗明義。卽謂卜易星相之術流傳甚久。東西所同。又謂派脈流傳。均發源於河圖洛書。夫河圖洛書。乃我國先聖之創作。非東西各國所發明。今彼之發源於河洛者。其學術卽昌明。我之發源於河洛者。卽謂爲不及科學之名貴、而痛斥之。天下不平之事。孰有過於此者。鎭江袁樹珊先生、精研此道。垂三十年。學理經驗兼而有之曩著命理探原六壬探原選吉探原等書出版以來莫不風行海內近復不憚煩勞焚膏繼晷發平生之蘊蓄費匝月之光陰撰述卜筮星相學一書以餉學者問序於余余反覆瀏覽見其徵引賅博慨乎其言與管見不謀而合吾敢謂此書不獨使求斯學者知所問津即不求斯學者略一披閱亦可盡釋疑懷而知我國之國學亟應講究保存者未嘗不在於此爰不辭譾陋謹綴數言以告世之讀是書者戊辰八月之望四明開明居士錢季寅謹序

董序

天下之事未有有利而無弊及有弊而無利者故漢書藝文志所載九流曰儒家曰道家曰陰陽家曰法家曰名家曰墨家曰縱橫家曰雜家曰農家班氏各述其利弊縷晰條分至平至允鎮江袁君樹珊方技士也於陰陽家之利弊知之獨詳用是不憚煩勞節錄十三經廿四史九通百子諸家文集中關於卜筮星相學之事實及理論又旁搜博采遠及於東西各國卜筮星相等書提要鈎玄躊躇滿志撰述卜筮星相學八卷蓋爲應時世之潮流俾國人知斯學之弊其末流實近於迷信知斯學之利其本源有不妨於討論者觀其徵引之書禮記謂卜筮須分義志汪氏述學謂左氏之言卜筮未嘗廢人事紀氏閱微草堂筆記謂人之一身窮達必須安命至國計民生之大事則不可言命宋稗類鈔謂某相士勸人悔過仍得甲科云云非惟無孟堅所謂牽於禁忌泥於小數之弊其指陳鑿鑿莫不利於人事之推行至若季主君平勸忠勸孝導惑教愚其有裨於人心風

俗者尤爲宏大又推論斯學與物理相通與科學相通並言預測吉凶皆本諸天人相感之理議論淵雅考證詳明苟非好學深思讀書有得豈能道其隻字編末謂東西各國之卜筮星相學皆發源於河洛八卦說亦有本善夫邱菽園敍骨相學有云詎意吾之所棄或爲隣之所珍余獨謂吾道不孤此猶幸事第恐彼之所棄或爲吾之所珍則不智甚矣茲因樹珊索序於余余謹就其原書之大意略綴數語還以質之樹珊余願讀是編者討論斯學當因其利而祛其弊庶不致蹈末流迷信之失而亦不負著者之苦心也世有知者儻不致河漢斯言戊辰仲秋武進董康敍於黃歇浦之大東書局

冷序

卜筮星相之理。予雖未嘗學問。然讀易至孔子曰。河出圖。洛出書。聖人則之。固深信伏羲則圖書以畫卦。是貫一天地人之大道也。孔子又曰。易有太極。是生兩儀。兩儀生四象。四象生八卦。八卦定吉凶。吉凶生大業。推聖人卜筮之本意。欲人知吉凶。生於善惡耳。故春秋時南蒯將叛季氏。雖筮得元裳元吉。而子服惠伯曰。忠信之事則可。不然必敗。後蒯果敗。卜筮如是。星相何莫非然。蓋其術雖異。其理則皆推本夫易道。而聖人之作易也。將以順性命之理。是以立天之道曰陰與陽。立地之道曰柔與剛。立人之道。曰仁與義。仁義者天爵也。天爵爲貴人爵次之。故孔子有不知命無以爲君子之語。然則卜筮與星相之有益於世道人心。由可推知。惜學之非其人。語焉而不擇。遂蒙世詬。貽誚儒林。前得兒子福田家報。述得同學袁德謙之尊甫樹珊先生近著有述卜筮星相學一書。爲海上名人所贊許。特索其稿付諸鉛印。以廣流傳云。袁君樹珊精研星命之理。有名於吾鄉。

歷有年所。予固久耳其名。惜未嘗聞其言。日前法君審仲。郵贈斯編。並索一言為序。瀏覽一過。見其溯源圖書。徵引弘博。而全書宗旨。首在教忠教孝。教慈教信。不僅為彰往察來。時日衰旺之論。乃知袁君由術數而幾於道矣。其識見之高遠。洵有為世俗所不可及者。爰述所見。以質袁君。袁君見之。以為知言否也。辰戊冬月同里冷遹序於北平客次

林序

舊曆去年的臘月，鎮江袁君樹珊來南京找我，說是他著了一部述卜筮星相學，請我給作一篇序，前幾年我對於卜筮星相，覺着有點好玩，所以閒空的時候，常去研究研究，而且因爲了一時的興致，寫了一部人鑑，狠風行一時，當下我的朋友，有許多不以爲然，他們說：你是相信唯物史觀之一人，爲甚麼提倡這些；豈不是自相矛盾嗎？後來看見語絲週刊，錢玄同居然罵我混蛋，我也只付之一笑。依我的意思，卜筮星相一類的學說，如果單就五行的基礎上來研究，倒不一定與唯物史觀衝突的！因爲五行的作用，就是由物質而來。隨着一定的時間，相當的數量，而發生變化。並非呆板的！要淨像中國歷來所說，五行的生尅——金尅木，木尅土，土尅水，水尅火，火尅金，金生水，水生木，木生火，火生土，土生金，好像是固定的一般。那就大錯而特錯了！至於以五行的生尅，來推定人類的吉凶休咎，這個理由，雖然在可解不可解之間，但是拿地理與人種的關係，做一個比例。那末也說的過去。講到中國幾千年以來，無論那一個階級，統統迷信這個，那又另有幾種原因！一種是由於封建政治的勢力，利用卜筮星相為保障——所謂眞命天子，富貴前定之類。一種是由於宗法社會之下，各階級對於宗法的觀念，迷戀的狠——所謂貴子福地，相由心改之類。一種是由於中華民族性所含的消極成分居多。人們的自信力，十分薄弱，環境一有變遷，觀察跟着搖動，於是不得不求之卜筮星相。一種是由於人類共同的僥倖心。人們有了僥倖的心理，自然要相信卜筮星相了。這不但在中國，歐美日本，亦復如此！從這些看來，世界上金力，軍力，一天沒有打破以前。人類一天沒有絕對的平等自由以前。隨便談談卜筮星相，比那些專門製造殺人機器的科學家，或者還有功於社會一點嗎？袁君樹珊，讀書狠多，與普通的江湖術士，異其旨趣。他這一部箸作的用意，不必與我相同，可是在這革命的過程中，也就可以想見現代中國的政治上，社會上的狀況了！

中華民國十八年一月十五日林庚白。

潘序

余友袁子樹珊、今秋撰述卜筮星相學一書。已經付手民排印。或謂其不合近世潮流。僅堪糊牕覆瓿。袁子憤而廢版中輟。余聞而惜之。乃索觀其稿。並取正於聶雲臺先生。先生閱之終編。慨然謂余曰。此非袁子之書。乃十三經、廿四史之緒餘。九通、百子、諸家文集之羽翼也。其宗旨正大。命意深遠。言天道者而歸之人事。尤注意於忠孝廉潔諸大端。是其有益於世道人心。非惟治卜筮星相學者。首當知此。卽非治卜筮星相學者。亦宜瀏覽及之。君何不爲之印行。俾世人知小道可觀。東西所同。而亦成袁子之美。與鄙人之印行感應類鈔、壽世新編。不亦殊途同歸歟。余以先生之言郵告袁子。袁子覆我書。旣欣且感。有曰。不圖區區小著。海上有知音也。余遂亟付梓人。鳩工排印。茲幸全書告成。謹綴其刊發經過之故於簡端。明達之士。當不致以余爲阿好也。民國十七年陽曆十二月初五日休寗潘孝鈞伯衡甫謹序於滬江聶氏家言旬刊社

繆序

慨自東西學術。流入中國。凡論學者。鮮不趨之若鶩。一似中國無一學術。而惟東西有之。於是醫必外醫。餐必外餐。居必外居。服必外服。壹是言行胥必東西。乃至卜筮星相而亦然。在東西崇之爲科學。而以名貴稱之。在中國斥之爲虛元。而以迷信貶之。夫卜筮星相原於大易。易繫辭云。以卜筮者尙其占。又云。成天下之亹亹者。莫大乎蓍龜。是卜筮也。而大衍一節。又言蓍筮之法綦詳。至星、易雖未言。而觀象云。觀乎天文以察時變。又繫辭云。仰以觀於天文。星、天文也。是星未嘗不言也。若舟楫取諸奐。弧矢取諸暌。臼杵取諸小過。宮室取諸大壯。則相之見於物用者。是其淺焉者也。而究其深。廣大配天地。變通配四時。陰陽之義配日月。易簡之善配至德。何莫非相也。嗚呼、大易一書。伏羲氏觀河洛而演之。傳云。河出圖。洛出書。聖人則之。是也。然則卜筮星相、固本於易。卽本於河洛。既非虛。亦非玄也。何得以迷信貶之耶。顧中庸云。雖善無徵。無徵不信。矧今類多辯言以淆是非耶然而史乘太博不勝其徵左傳亦經之一姑引一二以槪其餘齊懿氏卜妻敬仲而曰五世其昌厥後果然晉平公有疾卜人曰實沈台駘爲崇祀之而瘳此卜之眞實有徵也晉獻公筮嫁伯姬於秦遇歸妹之睽史蘇曰不吉斷至姪從姑棄家逃歸明年其死後懷公果棄懷嬴而歸越年而死崔杼見棠姜之美欲取之筮得困之大過陳文子曰不可娶斷以所恃傷無所歸杼不聽而果應此筮之眞實有徵也若夫晉悼公與魯襄公宴問襄公年聞季武子之對而曰十二年矣是謂一星終也唐叔虞初生邑姜方震夢帝謂命曰虞將屬諸參遂命曰虞此非星命之眞實有徵乎子貢觀邾隱公執玉高魯定公受玉卑而決爲二君皆有死亡而言悉驗單子會韓宣子於戚叔向見其視下言徐而決其將死而言亦驗此非相之眞實有徵乎若之何斥爲虛與元而以迷信貶之也且風萍生曰卜易星相之術流傳甚久東西所同均發源河圖洛書是東西此學亦我河洛之緒言也何於彼卽名貴於我卽迷信是不可解也今夫中國自三代

而下。學之不精者有之。然責其不精可也。詎得因不精、而概謂其不實而虛。不眞而元也。而東西學者。亦何嘗皆精耶。豈一隷東西。卽不精亦名貴耶。顧卽如所言、其科學名貴矣。其僅得易取諸物一言耳。我中國之卜筮星相。固所關甚廣。觀傳所徵可知矣。袁君樹珊潛心於此也久。嘗著命理探原、六壬探原。選吉探原。固已不脛而走。每恫世之學者。往往略涉門徑。輒眩於人。遂致貽人口實。而眞若不逮東西。乃殫匝月之光陰。發平生之蘊蓄。食不甘味。夜不甘寢。發憤而述古今卜筮星相學。成書八卷。都十萬餘言。俾學者可人人升堂而入室。卽非學者亦一覽而悉其原委。決非虛而不實。元而不眞也。書成。匄序於余。爰鑒樹珊之苦心。而書數言以畀之。是爲序。歲次戊辰秋八月既望月華山逸叟繆潛撰

陸序

卜筮星相科學之一。亦即國學之一。江都袁先生樹珊精卜筮星相學。凡卜筮之見諸經史星相之載在典籍者。靡不瀏覽而尋繹之。博採旁搜彙集成册。顏其書首曰述卜筮星相學。蓋言學有本源不敢妄自撰著。致爲當世所詬病。昔汪先生容甫江都名士也。曾著有述學以行世。今袁君復即卜筮星相學而述之。述而不作。殆即志汪先生之志歟。吾知是書一出。而卜筮之學傳。星相之學傳。先生之名亦與之以俱傳。鎭江陸錫庚謹序

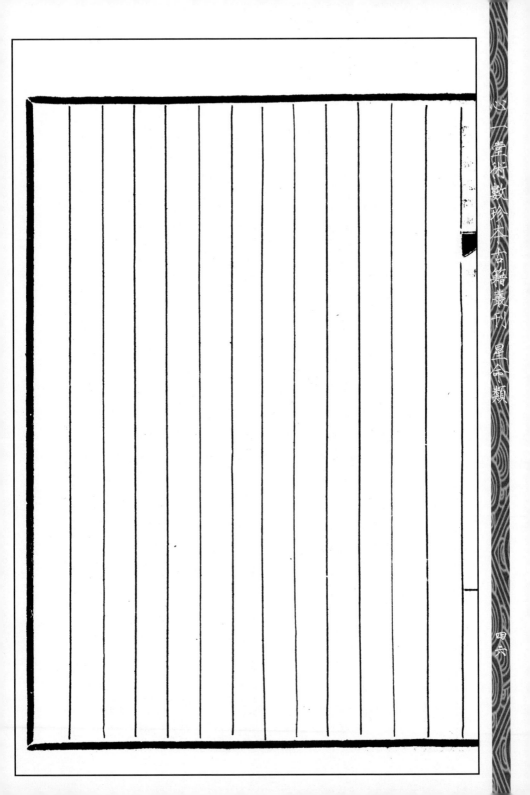

自序

卜筮星相小道也。亦末學也。夫道既曰小。何足述。學既曰末。何足云學。茲編所述。不過就余曩所學者。為門人略述之。非若吾鄉先達汪容甫先生、所述之學。為弘博淵深之大著也。故余所述僅一十八篇。述釋名者。顧名思義也。述源流者。不忘所自也。述物理、述科學者。形上形下。一以貫之也。述天人相感、預測吉凶者。言皆有物。不同妄發也。述東西各國卜筮星相學。皆效法我國者。喜吾道之不孤也。述國史、及先哲評論者。具見在朝在野。人同此心也。述與國家、社會之關係者。因導惑教愚。不容忽略也。述得廟享、為名臣、及毀家濟人、列傳逸民與夫品端學粹者。見仁見智。觀感由人也。述太史令、必須兼通卜筮星相學、及吾國惜無專校者。一則為職責攸關。一則為人材缺乏之也。述我國卜筮星相學書籍、收入四庫、文淵閣著錄者、俾古人名著流傳益廣。不致湮沒也。殿之以述東西各國卜筮星相學之書目者。具見地無中外。其學理莫不大同也。若謂余之所述。不止末

學而已。則吾不敢承。若謂余之所述。雖曰小道。而與大道亦不相背馳也。則幸甚幸甚。丙寅冬月十五日鎭江袁樹珊自序

曩刻命理探原、六壬探原、選吉探原、皆署名江都袁阜。頻年以來。辱承四方人士。謬採虛聲。函商舊學。竟有祇書江都袁阜。以致郵局無從投遞。或展轉多日始達者。蓋著者僑寓潤州。垂四十餘年。已有著籍。又向以字行。若詢及賤名。轉鮮知者。故本編直稱鎭江袁樹珊云。

題辭 謹以奉到先後爲序倘有賜寄較遲者容再續刊

虛中不作子平古。墜緒茫茫誰繼武。袁君經術具淵源。河洛圖書闡奧府。五百年間名世生。博極羣編傳法乳。千秋絕學一綫延。照世鐙明光四吐。觥觥著作比都京。鐵網珊瑚能自樹。

南陵 朱乃庚 韶笙

大道無奇術。前知本至誠。六爻參易象。四庫載書名。後世薪傳廣。先幾燭照明。如何人不識。視等弁髦輕。

鎮江 楊鴻發 子槃

此事合推袁。用古詩當今此事應推袁句 研窮四十年。宏文稱作手。墜序賴仔肩。典籍羅今古。精神瘁簡編。欽君綿絕學。瀏覽一欣然。

鎮江 楊邦彥 振聲

大著殫見洽聞言皆有物名山盛業傳世何疑牵題四截句藉誌佩忱

家學淵源自有眞。圖書河洛悟根塵。垂簾設肆殷懲勸。賣卜君平得替人。
聲名鵲起震京江。手不停披健筆扛。趨吉避凶宏覺路。幾人到此不心降。
羣倫同在五行中。尅化生扶貫始終。獨善更宏兼善量。著書立說啟愚蒙。
指迷翻說入迷途。時局更新詡破除。述古稱先言有物。藝林聲價重璠璵。

鎮江 孫 珩 伯鈞

昏昏濁世罔談玄。空有君平在眼前。背道離經長作鬧。焉知一畫是先天。
生成命數豈無因。造化相參筆有神。姬孔羲文都不作。四千年後得傳人。

鎮江 胡 容 健春

袁君樹珊以所著述卜筮星相學八卷見貺綜十萬餘言古今中外融會貫通非儒者曷克臻此未可僅視爲星學家也謹附五律二首以誌欽仰

系出君山後。恂恂儒者風。遯居甘隱豹。豪氣貫長虹。著述當時重。天人一脈通。潛心四十載。名滿大江東。

語小莫能破此中具隱微。靈心參造化。妙境悟玄機。至理言多中。迷津指所歸。古人有邵子。君或其庶幾。

鎭江 李丙榮 樹人

大集觥觥世所稱。謂命理探原等書 吉光片羽每搜徵。書家幾重東西晉。佛法如參上下乘。分路揚鑣存軌範。綴衣成衲雜縑繒。慙予耄老無他技。探厥根源獨未能。

虞卿著作遺窮愁。彥伯清才孰與儔。袁宏字彥伯 把臂已嫌遲廿載。樹珊與學兒友善 及身早自有千秋。能將巨製開生面。合放斯人出一頭。香火因緣文字契。獨邀青眼有公侯。謂莊蘊寬趙戴文邱菽園王震邢震南陸龍翔陳復諸公

鎭江 胡光發 榮卿

是學通科學。當今有解人。言之殊奧窔。輯者却艱辛。負笈來閭里。挑燈達曉晨。秘函求契友。奇字問芳隣。經史搜羅畢。中西薈萃頻。武侯銘墓誌。季主荷陶鈞。鮑照曾聯詠。君平有後詢。但敎三處合。却遇九方甄。莫漫嗤迷信。須知返樸淳。青烏當可證。白馬悟前身。磨蝎宮歸命。槍星運極屯。鈔胥

存國粹。數典聚家珍。賣卜爻曾演。趨庭訓可遵。豈爲謀食計。聊使夙情伸。詎料薰蕕別。應將涇渭分。姱修矜自飾。讒譖化同仁。編集傳今古。題辭動縉紳。棗梨誇木壽。桃李滿門蓁。贊助羣成美。吹噓衆遇春。無邪思孝友。下筆敎忠純。莫謂雕蟲技。休同尺蠖淪。當敎消詬誶。兼可醒聾嚚。去取分賢聖。從違辨主賓。吉凶循習慣。箸述本天眞。

鎭江 蘇淵覺 碩人

我聞大易說。君子玩其占。立卦而生爻。六吉皆從謙。詹尹端厥筴。君平下其簾。所言忠與孝。所業淸且廉。又讀日者傳。大言何炎炎。所論今昔理。遠矚復高瞻。宣尼重知命。孟軻善言天。如吾之所遇魯侯天也 聖賢有機括。明哲事關覘。至如相者術。從古以爲然。食子與收子。叔服識何淹。老父相劉季。語豈謬爲甜。荀卿非相篇。無乃挾猜嫌。卜宅至於洛。陰陽流泉兼。辨方以正位。建國所當先。宅兆卜安厝。敎孝義精嚴。程子論五患。口又安容箝。大哉太史談。陳義何其玄。陰陽與儒墨。名法道德全。一致而百慮。殊途同歸焉。江都有袁子荁相三策傳天人一以貫九流咸尋研緖餘成著述卜筮星相編引經更據典大筆奮如椽要使智者服要使愚者賢千古不傳秘要以一身肩嗟哉袁子志爲世下鍼砭匪爲己身謀憂世心如煎先德　昌齡公醫隱居市廛著書自成集醒俗意拳拳君乃善繼述遺書付雕鐫手澤喜未泯幽光發德潛閉門學劍南史筆仿涑川鈎玄提其要濬水抉眞詮書當不脛走價貴洛陽箋賤子忝知好服君志氣堅大人先生者奬藉加丹鉛會當行萬里海國廣傳宣

鎮江　錢亞棟　毅質

大展扶衰手深藏撥亂心泰來期否極述古爲匡今參透窮通理能成著作林浮雲猶待掃天象尚昏沉

鎮江　陶紹萊　蓬仙

君平賣卜記當年如市門庭豈偶然微理能將周易闡非徒鄒衍漫談天

星巫命相徧人間術士江湖太等閒獨子儒書能貫澈羣經不出聖賢關

早見叢書萬里行。忽傳述學又刊成。等身著作高千古。藝苑誰人敢抗衡。
年來文獻重江鄉。篇什曾經萃李唐。鼓吹休明徒抱願。媿君哲學演陰陽。

鎮江 道受章 晉之

吉凶悔吝生乎動。趨吉避凶有常規。爲善者吉惡者凶。善與不善必先知。
卜筮之學古所尚。列聖相承始伏羲。星在於天相在面。隱秘所藏表白之。
微顯闡幽不容僞。徵兆畢露如蓍龜。龜爲枯骨蓍枯草。靈應如響果何爲。
礎潤而雨律灰飛。鳶先風翔蟻潦移。天地萬物一鼓鑄。人事天理無紛歧。
袁君述之明大道。道大不可須臾離。離道卽出火車軌。天崩地坼滿瘡痍。
可怪世人善矯飾。深沉城府誰能窺。豈知誠中已形外。揠苗助長病難醫。
筮短龜長無掩蔽。立竿見影復何疑。客星犯座誰見來。故人臥起天象垂。
救蟻陰隲紋忽現。大貴推許券操持。卜筮星相不外求。子輿所貴毋自欺。
口是心非人受騙。自問實已先心虧。縱使鬼神皆不怕。破除迷信笑愚癡。
其如逢凶不化吉。天心鑒赫遇災危。何妨表裏皆一貫。人爵天爵自相隨。

磊落光明無隱慝。必得富貴壽維祺。

鎮江 于樹深 筱川

袁先生樹珊績學士也著有述卜筮星相學一書實隱寓保存國粹述而不作之至意書首得諸君子為之敘其言綦詳固無俟余之贅語乃辱不棄猶諄諄以題詞見屬余不敏爰掇俚言以報先生兼以告世之善讀是書者詞曰

猗歟袁君卓犖不群。邗江名士業精於勤。原探理數縷晰條分。篤信好學。殫見洽聞。卜筮星相。國學之一。先天後天淵源洞悉。博採旁搜經史子集。八卷分編。彙為巨帙。證今援古。言匪無徵。讕語必斥。異說弗騰。譬之燭暗。此為明燈。譬之說法。此為上乘。會觀其通。陰陽奇耦。神明古人。非取墨守。嘉惠後學。道期悠久。君之命名。永垂不朽。

鎮江 蔡蔚霞 雲孫

家學淵源溯鯉庭。差同伏勝解傳經。天人三策江都董。不失先民舊典型。

保存國粹豈無端。小道如斯尚可觀。薄技生機多繫此。不妨苦口寫忱丹。

舊學商量見苦心。吉光片羽勝兼金。一斑自可窺全豹。便是隨園著作林。

笑我長沙作寓公。得觀大集發羣蒙。傳鈔應貴洛陽紙。佶屈偵盧一掃空。

鎮江 法德新 滌齋

袁君樹珊為度男益友間嘗接其丰采恂恂有儒者風聆其言論款欵具牖世意久欽其為人近著述卜筮星相學一書探河洛之本源闡性命之閫奧其示人趨吉避凶之方不外福善禍淫之理則斯編之有裨世道人心不其偉歟爰賦俚句以誌佩忱

干戈擾攘既頻年。與仆無端總惘然。成敗早知皆有數。好教弭亂力回天。

大地今餘刼後身。羣盲莫再昧前因。從來知命為君子。幸指迷途盍問津。

淵源家學紹倉山。著作爭傳豈等閒。識在幾先能覺世。長蒿端賴醒愚頑。

術數還將大道憑。禍淫福善理堪徵。易言消長經參透。一片婆心勸與懲。

鎮江 姜煥昌 洛茨

煥昌由雲陽就幕歸來訪袁君樹珊敘舊時以付梓述卜筮星相學書見示煥昌因憶龍門記商瞿年長無子其母爲取室孔子使瞿之齊母請之孔子曰無憂瞿年四十後當有五丈夫子已而果然家語亦載其事甚詳謂卜遇大畜應有五子是當日尼山孔氏亦頗精星術彼此相談移時袁君謂此事本書未載屬爲補出並索題詩煥昌餬口四方筆墨久荒是書引證頗博不愧學者要難僅以星家視之也勉成七律一章以誌景慕

道消君子亦胡然。正是先生養晦年。閉戶著書深入奧。焚香讀易靜參玄。
眼看幾變滄桑世。指點何殊道德篇。漫把虛無輕命術。成都賣卜至今傳。

鎭江 李正學 崇甫

粵稽皇古搜往事。藉筆抒懷破寂寥。由來豪傑多憂患。手口卒瘏羽翛翛。
緣何燕臺多擊筑。莫教吳市聽吹簫。甄錄編成餖飣學。公旦多才未敢驕。
虞卿述作窮愁遺。一篇元箸得超超。縱觀宇宙殊寥廓。人生何苦取煩囂。

世間豈少地仙出。馬跡山中訪王遙。進退升沈有天定。君平悟理問榮彫。
管輅郭璞通神鑑。手持盃珓擲不恌。一馬得失禍福倚。恍惚夢中鹿覆蕉。
武侯用兵圖八陣。陰陽向背智慧饒。名將古推班定遠。虎頭燕頷想丰標。
吾家鄴侯有仙骨。笑他皮相皆嘵嘵。安得國粹賴保存。縹緗羅列盡瓊瑤。
丈夫顯世有知己。自古留侯全藉蕭。天人三策江都董。隨園家學數楚翹。
周易一卷不釋手。研經躭道國恩邀。當代知音多珍賞。題跋紛紛引同僚。
鴻通最愛師劉向。博雅還希步鄭樵。四部六閣窮搜覽。長把青燈夜夜挑。
精金在鎔須大冶。家有良工璞可雕。庭訓相承名父子。謂世丈刻養生三要著述亦多走筆千言風瀟瀟。六經不用巾箱載。便便邊腹豈愁枵。肯將架上一萬軸。辜負平生三萬朝。吁嗟乎神州盪滌瘡痍色。宋風使者感征軺。舉世民生望寶筏。迷津得指理孔昭。賤子清狂難自抑。塊壘常須濁酒澆。彭澤覓食非得已。五斗難堪一折腰。饋貧糧向君多乞。至理名言尚可要。君不見天工缺處人工補。德盛從來能勝妖。

述卜筮星相學凡例

一卜筮星相學、各有專書。惟卷帙浩繁。初學無從問津。卽有好之者。亦莫不疑信參半。謂爲憑空結撰。毫無根據。以致故步自封。不求深造。良爲可惜。本編所述。力矯此弊。以物理證明氣數。以簡易解除瑣煩。更參以經史良規。古今粹語。不厭精詳。務求賅備。庶初學閱之。有入勝之妙。好之者閱之。亦有逢源之樂。斯則著者之微意也。

一本編所述。一十九篇。質言之。可分四步。述釋名、述源流、述物理、述科學、述天人相感。爲研究學術也。述東西各國、述歷史評論、述先哲評論。爲增長閱歷也。述國家、述社會、述廟享、述名臣、述濟人、述逸民、述品端學粹。爲藉資觀感也。述太史令、述無專校、述四庫書、述東西各國書目。爲欲求進化也。有志斯學者。若本此旨而探討之。安見今人不古人若耶。

一本編述源流。分上下二篇。一論河洛。一論氣象。爲全書要旨。述物理、述科學、不過爲河洛氣象之佐證而已。其實氣象本乎河洛。果能明乎河洛之理。錯綜其數。則氣象可測。而天地間之形形色色。亦莫不可測。豈獨物理科學已哉。

一經史子集、所載卜筮星相之事。數見不鮮。凡爲本編所徵引者。俱載明書名。或著者姓氏。俾可考證。惟涉及軍國大事者。概不採錄。

一本編所載卜筮星相學之書目。係據四庫全書提要、文淵閣著錄者。計五十部。四百四十四卷。尚有附諸存目者。一百四十八部。九百八十九卷。未及具載。惟日本書目志、所載方技四類、八十七種。一一備錄。蓋該書目載有西洋判斷術、西洋獨見天眼通二書。俾國人閱之。知東西各國俱有卜筮星相學。且皆效法於吾國也。

一本編徵引之書。上自周秦。下迄今茲。計一百五十八部。歷史先後。本不容紊。惟限於卜筮星相之事實。有不得不古今陵躐。次序顚倒者。如歷代先哲之評論。妄以困學紀聞冠首。而以孝經列後。此類甚多。識者鑒諒。

一唐書方技傳云。士君子能之。則不迂不泥。不矜不神。茲特將拙刻叢書四種序目。附錄於本編之末。俾閱者略知拙刻之大凡、及宗旨何在。卽可辨此道是否有迂泥矜神之說。若謂眩奇標榜。則吾豈敢。

一余家藏書不多。見聞弇陋。編述是書時。與同里朱君彥卿德高法君審仲度蘇君碩人潤寬支君志箴敏政李君崇甫正學相商榷。並承朱君冒暑假觀廿四史全部。盛意熱心。令人欽佩。至鈔錄之不憚煩。則江都李君雨田、雷尤爲可敬。謹書於此。以誌不諼。

一本編著手於丙寅十月丙午。至十一月庚午。僅二十五日。草草脫稿。手爪麤疏。必多舛誤。尚希 博雅君子。不吝教正。以匡不逮。毋任企感。

述卜筮星相學徵引書目

易經　孝經　書經　詩經

周禮　禮記　大戴禮記　春秋左傳

論語　爾雅　易學啓蒙　六經天文篇

經義述聞　爾雅翼　史記　漢書
後漢書　魏志　晉書　宋書
南齊書　後魏書　北齊書　周書
隋書　舊唐書　新唐書　五代史
遼史　金史　明史　吳越春秋
周書時訓　象緯　通典　續通典
通志　文獻通考　續文獻通考　清文獻通考
歷代職官表　通鑑外記　帝王世紀　雲南志
廣信府志　江甯府志　揚州府志　鎮江府志
蘇州府志　婺源縣志　路史　黃帝宅經
老子　莊子　列子　管子
晏子春秋　尸子　素書　呂氏春秋
白虎通　淮南鴻烈解　楊子法言　潛夫論

天台縣志　國語　江西通志　異苑
論衡　抱朴子　葬經　圖經本草
新論　夢溪筆談　酉陽雜俎　貴耳集
暌車志　東坡志林　困學紀聞　瑞桂堂暇錄
歲時廣記　青箱雜記　太平御覽　太平廣記
己瘧編　蠡海集　制義科瑣記　宋稗類鈔
輟耕錄　通俗編　曲洧舊聞　孔子集語
林泉隨筆　西溪叢話　嶺表錄異　適來子
致富全書　羣芳譜　石室奇方　遁甲書
種樹書　羽毛考異　春渚紀聞　郁離子
本草綱目　海沂子　事物原始　調燮類編
齊東野語　唐駢劇談錄　遯翁隨筆　書影
七修類稿　日知錄　三才發秘　澄懷園語

四庫全書提要 圖書藝術典 協紀辨方書 河洛精蘊
閱微草堂筆記 求闕齋日記 測字秘牒 字觸
壬學瑣記 秋燈叢話 寄蝸殘贅 客牕閒話
茶香室四鈔 藝術筆記 日本書目志 日本大正歷書
日本姓名學 骨相學 手相學 命理商榷
耕心齋隨筆 雞肋偶談 王叔師集 諸葛丞相集
陳思王集 稽中散集 王右軍集 顏光祿集
鮑參軍集 江醴陵集 陶隱居集 劉戶曹集
全唐文 笠澤叢書 昭明文選 朱子文集
白香山長慶集 韓昌黎集 宋文憲集 茶山文鈔
述學 俞俞齋文集

述卜筮星相學卷一目錄

卷二目錄

卷三目錄

卷四目錄

卷五目錄

歷代國史之評論 一

卷六目錄

卷七目錄

卷八目錄

述卜筮星相學卷一

潤德堂叢書之五

鎭江袁樹珊纂述

卜筮星相學之釋名

釋卜筮

卜。禮記、曲禮云。龜爲卜。筴爲筮。疏引師說云。卜覆也。以覆審吉凶。筮決也。易、彖象云。初筮告。注、筮者決疑之物也。惟決故信也。詩、杕杜云。卜筮偕止。左傳襄公七年云。孟獻子曰。吾乃今而後知有卜筮。呂覽舉難云。卜擇也。禮記喪大記云。卜葬卜日。又冠義云。筮日筮賓。尚書曰。汝則有大疑。謀及卿士。謀及庶人。謀及卜筮。定天下之吉凶。成天下亹亹者。莫善乎蓍龜。白虎通、蓍龜、疏證云。卜筮者。先聖王所以使民信時日。敬鬼神。畏法令也。所以使民決嫌疑。定猶與也。又云。聖人獨見先睹。必問蓍龜何。示不專也。禮、中庸云。至誠之道。可以前知。樹珊謹按。始皇燔書。獨存卜筮。據事物原始所載。伏羲始造龜卜。神農始以蓍筮。殷巫咸作筮。漢、張良始造棊卜。京房始以錢卜然龜卜之道久經失傳蓍筮尚有嫻者惜又甚渺近世惟棊卜、錢卜及奇門六壬之類其理差可相通卽數以觀象卽象以論事陰陽消長進退存亡不難於是占之至卜葬卜日卽婚葬選擇吉日之義此道專書今尙不少古法猶存亦生民之幸也。杕从木从大俗从犬非音第木獨生也

釋星相

星書洪範云四曰星辰淮南天文訓云星辰者天之期也呂覽云星宿也周禮保章氏云星謂五星漢書藝文志云探知五星日月之會凶阨之患吉隆之善其術皆出焉此聖人知命之術也晉天文志云衆星列布體生於地精生於天庶物蠢蠢咸得繫命詩小星云實命不同又蝃蝀云不知命也又小弁云我辰安在注豈我生時之不善哉字典云星爲術數之一種古以星象占驗吉凶謂之星家後又以人生年月日按天星推算運數謂之星士相爾雅釋詁云相視也詩相鼠云相鼠有皮相鼠有體左傳文公元年云公孫敖聞其能相人莊子徐無鬼云曰爲我相吾子孰爲祥禮

記月令云善相邱陵書召誥云惟太保先周公相宅詩公劉云相其陰陽觀其流泉文選東京賦云召伯相宅周禮大司徒云相占視也以相民宅而知其利害樹珊謹按星辰者天之期也此一語屬之星命家言最確蓋人稟天地之氣以生而年月日時所以可紀者亦惟星辰是視否則無寒暑晦明之可言安有所謂年月日時哉至相鼠有皮相鼠有體二語足證形法之可憑何則鼠之爲物渺乎小矣其皮其體尚有可相者而況人爲萬物之靈得天獨厚其貴賤壽夭有不特現之於身體髮膚五官百骸者乎劉勰新論云人之命相賢愚貴賤脩短吉凶制氣結胎受生之時其真妙者或感五帝三光或應龍跡氣夢降及凡庶亦稟天命皆屬星辰其值吉宿則吉值凶宿則凶受氣之始相命既定則鬼神不能改移聖智不能回也此誠有道之言若夫相宅相墓由來尚矣證以善相邱陵召伯相宅二語不更斑斑可考乎

珊按閱微草堂筆記云世傳推命始於李虛中其法用年月日而不用

時蓋據昌黎所作虛中墓誌也其書宋史藝文志著錄今已久佚惟永樂大典載虛中命書三卷尚爲完帙所說實兼論八字非不用時然考虛中墓志以人始生年月所直日辰枝幹推人壽夭利不利云云按天有十二辰故一日分爲十二時日至某辰即某時也故時亦謂之日辰國語星與日辰之位皆在北維是也詩跂彼織女終日七襄孔穎達疏從旦暮七辰一移因謂之七襄是日辰即時之明證余撰四庫全書總目亦謂虛中推命不用時尚沿舊說今附著於此以誌吾過觀此足破世人誤謂虛中論命不用時之惑故前按有安有所謂年月日時之語似與字典所云以人生年月日按天星推算運數微有不同其實字典亦沿舊說也

珊又按列子云一體之盈虛消息皆通於天地應於萬物管子云一言以貫萬物謂之知道此可爲卜筮星相學象法天地鑒別人事之明證老子云知人者智自知者明莊子云知其不可奈何而安之若命惟有

德者能之此可爲通卜筮星相學、利已利人之明證晏子云聖人千慮。必有一失愚人千慮必有一得禮中庸云凡事豫則立不豫則廢意林引尸子云敬災與凶禍乃不重此可爲卜筮星相學有益於世之明證善夫漢書藝文志云觀九家之言舍短取長則可以通萬方之略矣又曰諸子十家其可觀者九家而已、茲將漢書九家節錄於后俾讀者知其各有短長卽可知不得因噎而廢食也九家史稱九流卽自流溯源之義與世俗所謂九流絕不相侔若以九流爲賤簡而輕忽之則儒家者流法家者流名家者流亦莫不賤簡莫不輕忽豈獨一陰陽家流哉

漢書藝文志云儒家者流出於司徒之官游文於六經之中留意於仁義之際然惑者既失精微辟者又隨時抑揚違離道本以譁衆取寵此辟儒之患（惑亂也迷也疑也辟讀曰僻非平正通達人所共由者謂之僻如地之偏僻荒僻行爲之怪僻邪僻皆是）

道家者流出於史官清虛自守卑弱自持及放者爲之則欲絕去禮樂兼弃仁義（弃古文棄字）

陰陽家者流出於羲和之官敬順昊天歷象日月星辰敬授民時及拘者爲之則牽於禁忌泥於小數舍人事而任鬼神昊胡老切音皓凡稱天曰昊天言元氣博大也泥滯也舍廢也

法家者流出於理官信賞必罰以輔禮制及刻者爲之則去仁愛任刑法至於殘害至親傷恩薄厚

名家者流出於禮官名正言順此其所長及警者爲之則苟鉤鈲析亂而已警吉弔切音叫訐也鈲匹歷切音霹亂也破也

墨家者流出於清廟之官貴儉兼愛右鬼非命上同及敝者爲之見儉之利因以非禮推兼愛之意而不知別親疎墨子有節用兼愛上賢明鬼神非命上同等篇

縱橫家者流出於行人之官權事制宜此其所長及邪人爲之則上詐諼而棄其信諼許元切音暄詐也欺也

雜家者流出於議官兼儒墨合名法及盪者爲之則漫羨而無所歸心漫放也羨溢也貪欲也

農流者流出於農稷之官。播百穀。勸耕桑及鄙者爲之以爲無所事聖王欲使君臣並耕誖上下之序。誖浦沒切音勃又步昧切音佩義同與悖通亂也乖也

小說家流出於稗官街談巷語道聽途說然亦弗滅也稗傍卦切讀如排去聲粟類有水稗旱稗二種又小也小說曰稗說

卜筮星相學之源流 上篇論河洛

河圖洛書八卦五行之原始

資治通鑑外紀云包犧氏風姓生於成紀象日月之明謂之太昊取犧牲以充包廚號包犧後世音謬謂之伏犧或謂之虙犧一號皇雄氏都陳上古之時人民無別羣物不殊未有三綱六紀衣食器用之利民人但知其母不知其父臥則呿呿起則吁吁飢則求食飽卽棄餘茹毛飲血而衣皮革白虎通德論曰三綱者何謂也謂君臣父子夫婦也六紀者謂諸父兄弟族人諸舅師長朋友也故含文嘉曰君爲臣綱父爲子綱夫爲妻綱又曰敬諸父兄六紀道行諸舅有義族人有序昆弟有親師長有尊朋友有舊何謂綱紀綱者張也紀者理也大者爲綱小者爲紀伏犧德合上下天應以鳥獸文章地應以河圖洛書則而象之侯果曰聖人法河圖洛書制歷象以

示天下也仰觀象於天。俯觀法於地。中觀萬物之宜。造八卦荀爽曰觀象者震巽為雷風離坎為日月九家易曰觀法者艮兌為山澤也地有水火五行八卦之形者也又曰謂四方四維八卦之位山澤高卑五土之宜始作三畫以象二十四氣春秋內事曰伏羲氏以木德王天下之人未有宅室未有水火之和乃仰觀天文俯察地理始畫八卦定天理之位分陰陽之數推列三光建分八節以文應氣凡二十四消息禍福以制吉凶注曰天地開闢五緯各主其方至伏羲乃合故以為元因而重之爻象備矣。筮之淮南子要略曰八卦可以識吉凶知禍福矣然而伏羲為之六十四變高誘曰八八變為六十四卦伏羲示其象紀陽氣之初。以為律法。此續漢書律歷志文本文曰宓羲作易紀陽氣之初以為律法建日冬至之聲以黃鐘為宮太簇為商姑洗為角林鍾為徵南呂為羽應鍾為變宮蕤賓為變徵此聲氣之元五音之正也注引月令章句曰律率也聲之管也上古聖人本陰陽別風聲齊清濁而不可以文載口傳也於是始鑄金作鐘以主十二月之聲然後以放升降之氣云爾建五氣。立五常。定五行。易乾鑿度曰伏羲八卦以建五氣以立五常以之行白虎通德論又曰人生應八卦之體得五氣以為常仁義禮智信是也又曰五行者何謂也謂金木水火土也言行者欲言為天行氣之義也始名官而以龍紀。有甲歷五運。易稽覽圖曰天地開闢五緯各在其方至伏羲乃合故歷以為元春秋緯宋注曰五運五行用事之運也象法乾坤。以正君臣父子夫婦之義。易乾鑿度注曰天地陰陽尚有尊卑先後之序而況人道乎易序卦曰有天地然後有萬物然後有男女有男女然後有夫婦有夫婦然後有父子有父子然後有君臣有君臣然後有天下繼天而王。為百王先。度時制宜。作為罔罟以佃以漁以瞻民用。制嫁娶、以儷皮爲禮。於是人民乃治。君親以尊。臣子以順。羣生和洽。各安其性。

珊按、彖緯云。天皇氏始制干支之名。以定歲之所在。三皇紀云。地皇氏定三辰。分晝夜。以三十日爲一月。帝紀云。伏羲作甲歷。定歲時。起於甲寅。支干相配。爲十二辰。六甲而天道周矣。晉志云。黃帝命羲和占日。尚儀占月。車驅占風。鬼萸蓲占星。鬬苞授規。於是始有星官之書。事物原始云。命大撓作甲子。支干相配。以名日。而定以納音。又云。黃帝立子午十二辰、以名月。又以十二獸名屬之。帝紀云。顓頊作歷。以孟春之月爲元。鳥獸萬物。莫不應和。故顓帝爲歷宗。尙書云。堯命羲和置閏法。定四時成歲。以上諸說。較通鑑外紀、尤爲詳備。謹誌於此。俾讀者知卜筮星相學淵源有自也。

河洛略論

河洛精蘊引漢孔安國云。河圖者。伏羲氏王天下。龍馬出河。遂則其文以畫八卦。洛書者、禹治水時。神龜負文而列於背。有數至九。禹遂因而第之以成九類。按此孔氏論語注及尚書洪範傳也。

又引易曰。河出圖。洛出書。聖人則之。今幸有河洛二圖傳於世。朱子易本義取之以冠篇端。又作啓蒙以發明之。可謂萬世之幸矣。相傳河圖出於伏羲之世。則聖人之作易也、必於河圖爲最先。易卦之作。所謂易有太極。是生兩儀。兩儀生四象。四象生八卦者也。

河洛生成之數

六經天文編引正義曰。天一生水。地二生火。天三生木。地四生金。天五生土。此其生數也。地六成水。天七成火。地八成木。天九成金。地十成土。此其成數也。繫辭曰。天數五。地數五。五位相得而各有合。謂此也。

河圖

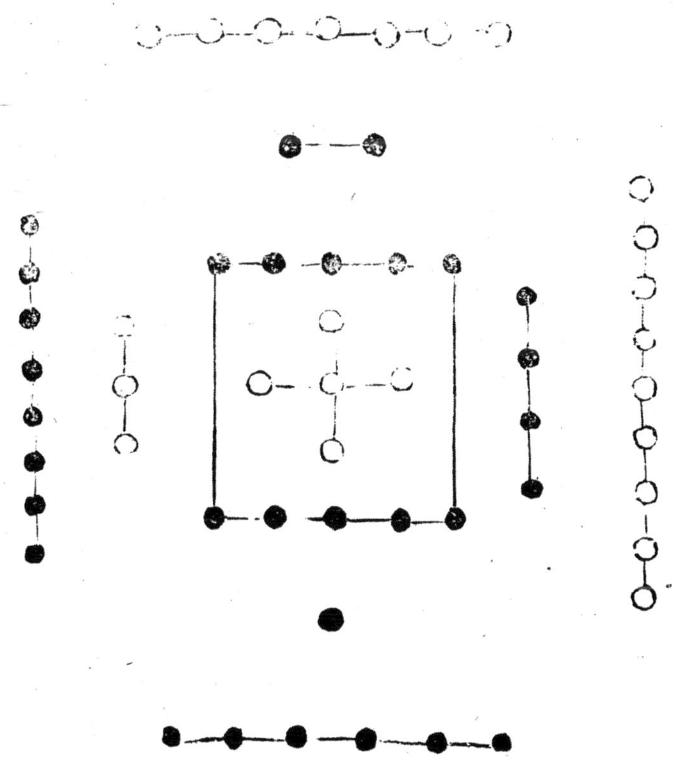

洛書

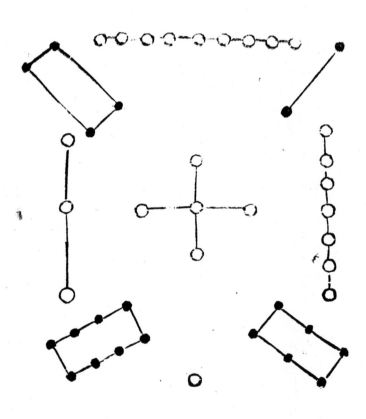

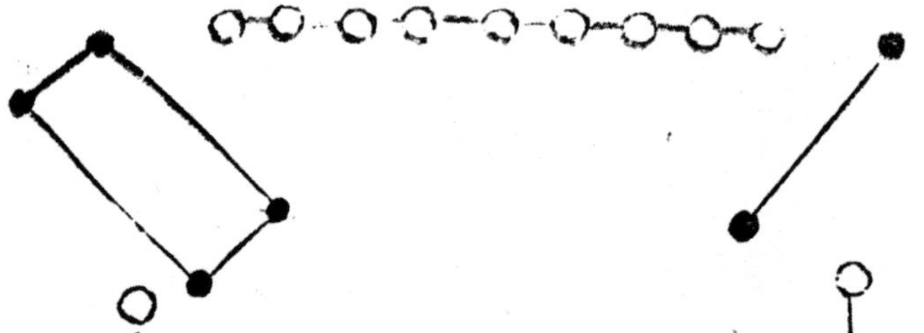

河圖含八卦五行天干圖

洛書配枝辰律呂應六合圖

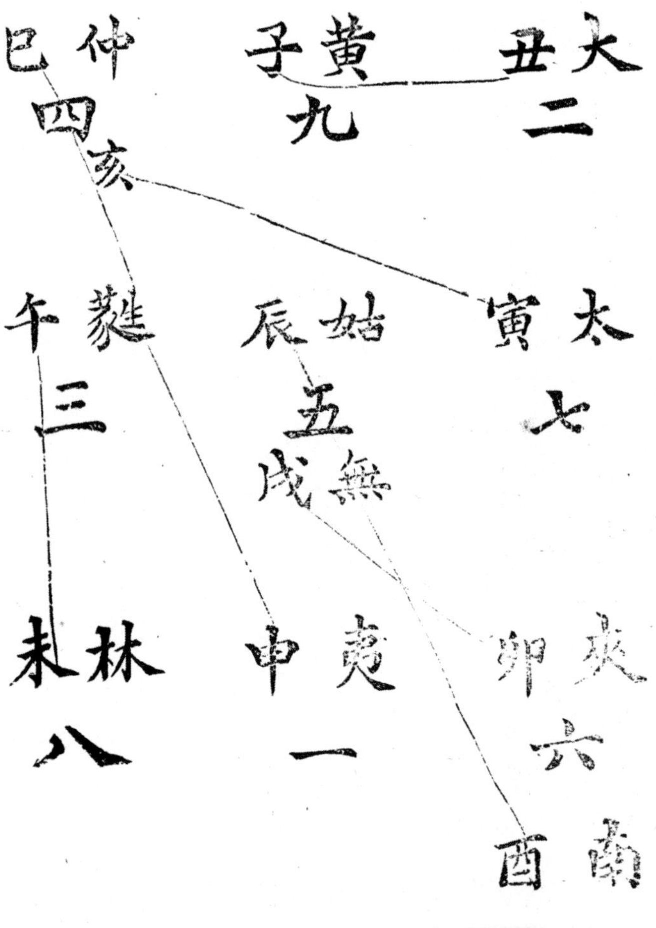

河圖合八幹四維十二枝二十四向圖圓

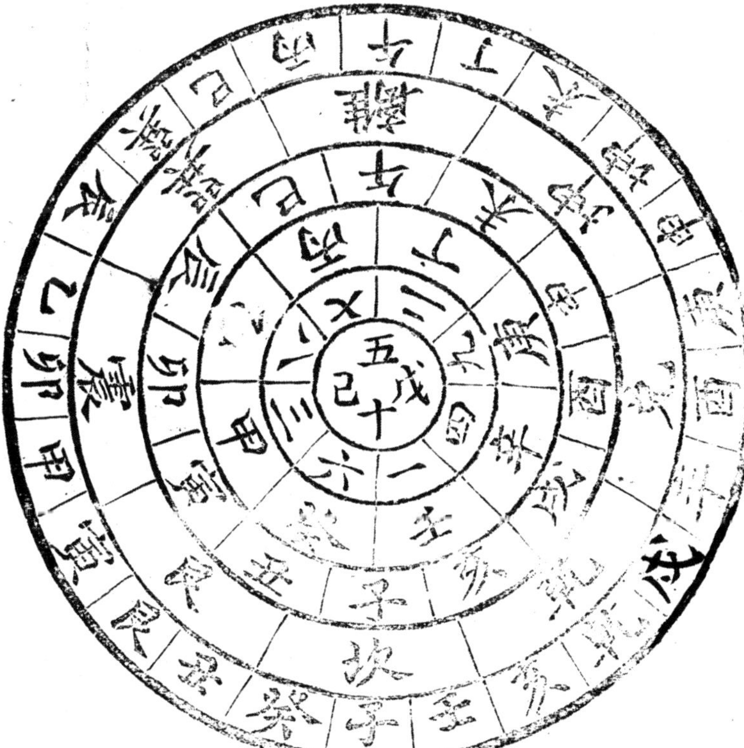

納音五行母子數圖

母數八屬木 木生火

母數七屬火 火生土

母數六屬水 水生木

母數五屬土 土生金

母數四屬金 金生水

子數一屬火

子數二屬土

子數三屬木

子數四屬金

子數五屬水

十幹陰陽本乎數之明證

河洛精蘊云河圖十位而卦止有八四象成八卦五十居中爲不用之用也四生數爲陰卦母居先而長女中女少女之卦繼之陰以少者爲尊也四成數爲陽卦少男中男長男之卦爲次而父居後陽以多者爲尊也五爲半而中隔之十爲全而中統之得奇數者根於天得耦數者根於地三角之右方列之水火皆氣也水最清而內明故居一火次清而外明故居二木金土皆質也木柔而體輕故居三金堅而體重故居四土則最廣大故居五五者有生有成生者在先成者在後故自五以後一得五爲六二得五爲七三得五爲八四得五爲九五得五爲十復爲水火木金土焉三角之左方列之五行各分陰陽古人制十干以名之干本爲幹如木之有幹若十二支則由干而生者也十干分五行甲乙爲木丙丁爲火戊己爲土庚辛爲金壬癸爲水十干分陰陽甲丙戊庚壬爲陽乙丁己辛癸爲陰以數配之甲三也丙七也戊五也庚九也壬一也乙八也丁二也己十也

辛四也癸六也此數含於左方五行之中而十干之次順五行相生之序以東方甲木爲先蓋五行有生出之序一水爲先有流行之序一甲爲先二者相爲用並行不相悖此依其流行之序則一甲二乙三丙四丁五戊六己七庚八辛九壬十癸列於三角之下方積數渾然之中森然粲然者己具存

十二地枝本乎數之明證

精蘊云河圖之數五十有五五十有五者五其十有一也謂十與一九與二八與三七與四六與五也洛書如前圖分布支辰律呂則相合者有六焉周禮曰奏黃鐘歌大呂子與丑合九與二合爲十一也奏太簇歌應鐘寅與亥合七與四合爲十一也奏姑洗歌南呂辰與酉合五六合爲十一也奏無射歌夾鍾戌與卯合亦五與六合爲十一也奏蕤賓歌函鍾午與未合三與八合爲十一也奏夷則歌小呂申與己合宜爲十與一而洛書無十則假四爲十以其四與九相連猶十與九相連也夫地支六合應乎

月建與日躔者也而洛書自相符益知前圖配十二辰十二律之妙

八幹四維二十四向皆本乎數之明證

精蘊云河圖無八干而有八干之理一卽壬水六卽癸水三卽甲木八卽乙木七卽丙火二卽丁火九卽庚金四卽辛金陽得奇數陰得耦數分居四方而五爲戊土十爲己土居中央以爲不用之用也河圖以先天之體而藏後天之用壬癸皆爲坎水丙丁皆爲離火甲乙皆爲震木庚辛皆爲兌金四正卦居四方之正位則必有四隅焉乾巽坤艮居之是河圖無四維而有四維之理也八干四維得十二位矣地支又有十位焉隱藏於河圖之中觀論聲律篇以方圓相函而有十二律之長短在其間隔八相生亦有十二律在其間十二律應十二月然則河圖雖無支而十二地支之理不已在其中乎合干維與地支而分其位子午卯酉卽坎離震兌也壬癸夾子則壬之前有亥癸之後有丑甲乙夾卯則甲之前有寅乙之後有辰丙丁夾午則丙之前有巳丁之後有未庚辛夾酉則庚之前有申辛之

後有戌戌亥夾乾者也丑寅夾艮者也辰巳夾巽者也未申夾坤者也是爲二十四向如天之有二十四氣人之有二十四經脈自然之理也壬子癸共一坎丑艮寅共一艮甲卯乙共一震辰巽巳共一巽丙午丁共一離未坤申共一坤庚酉辛共一兌戌乾亥共一乾是爲一卦統三向以洛書八方之數配之是洛書有二十四向之理也

納音五行本乎數之明證

精蘊云納音五行合兩干兩支依太元經之數總計之視其零數以定五行零一屬火零二屬土零三屬木零四屬金零五屬水如甲子乙丑甲九乙八子九丑八合得三十四數是零四數故屬金丙寅丁卯丙七丁六寅七卯六合得二十六數凡十與五皆去之餘一數故屬火他皆倣此此母生子之理也子金者母爲土子火者母爲木觀前圖各列九數以黑識母以白識子而五行之源可知矣

五行八卦皆合乎數之明證

啓蒙附論曰。造化所以爲造化者。天地水火而已矣。易卦雖有八。而實惟四。何則。風即天氣之吹噓。而下交於地者也。山即地形之隆起。而上交於天者也。雷即火之鬱於地中。而搏擊奮發者也。澤即水之聚於地上。而布散滋潤者也。道家言天地日月。釋氏言地水火風。西人言水火土氣。可見造化之不離乎四物也。故先天以南北爲經。而天地居之。體也。以東西爲緯。而水火居之。用也。後天則以天地爲體。而居四維。以水火爲用。而居四正。雷者火之方發。故動於春。及火播其氣。則王於夏矣。澤者水之未收。故散於秋。及水歸其根。則王於冬矣。水火爲天地之用。故居四正。以司時令也。乾巽相對。而爲天綱。坤艮相對。而爲地紀。天地爲水火之體。故居四維。以運樞軸也。天地水火。體用互根。以生成萬物。此先後天之妙也。若以卦畫論之。則震即離也。一陰閉之於上。則爲震。兌即坎也。一陽敷之於下。則爲兌。巽即乾也。一陰行於下。則爲巽。艮即坤也。一陽互於上。則爲艮。是以六十四卦。始乾坤。中坎離。而終於既未濟。則造化之道。天地水火。盡之矣。

精蘊云按道家言天地日月日卽火也月卽水也釋氏言地水火風風卽天也西人言水火土氣土卽地也氣卽天也各隨所見言之其實一也釋氏以地水火風爲四大人身亦是四大之合形骸地也津液水也溫暖之氣火也鼻息呼吸風也要之天亦是火地亦是水西人言三際近地爲溫際溫際之上爲冷際冷際之上爲火際天之行神速不可思議非火而何地雖是土其初本是水融結而成故河圖一六水成卦則爲坤艮土先天乾坤之位後天離坎居之然則四物止兩物而已太極生兩儀原是一陰一陽也

五行三才皆合乎數之明證

精蘊云圖之一六水同根於老陰成卦爲坤艮坤艮皆屬土何也土從水化也土何以從水化觀人身可知人身之初爲精血精血皆水也由胚胎而漸成肌肉肌肉則爲土矣由胎生而推卵生卵殼中皆水也得母之氣孚化之而成形成形則爲土矣由此以推天地則大地之初皆水及其久

也漸凝而爲土水何以能成土由水中先有火也精血之水有眞元之火在其中乃能成胎成肉天以一而生水一是陽數陽數卽爲火一六之合爲七七亦是火可知水中先有火其水本是混濁之水如卵中之黃白以眞元之火融煉重濁者凝而爲地其堅者爲石隆起而爲山觀山之起伏本象波浪蕩漾之形而高山上或有螺蚌殼亦可驗山本是水也一本奇也而爲生數以成坤之陰土六本偶也而爲成數以成艮之陽土此以柔爲陰剛爲陽而陰陽恆互根地之平坦者爲陽其本是奇數山之隆起者爲陰其本是偶數也

圖之九四金同根於老陽成卦爲乾兌乾兌屬金不變何也金最堅屢經火鑠而質不改是以五行惟金不變也然此有形之金也若金主氣凡氣皆金天之性純陽是火其體則金天何所變哉然而書之位金與火互易何以變其常也十一點相合之理也西之九南之二合爲十一南之七西之四合爲十一是以金乘火位而居上火入金鄉而居下人之肺在心上

心在肺下此其驗也先天卦乾九居上與坤一相對以定天地之位兌四居東南與艮六相對以通山澤之氣後天兌本四金也則仍居正西之位以復其常乾本九金也則來居西北之位以次其類正西爲坎而澤爲水之歸則以氣類從之西北爲艮而天在山之上則以象類從之後天乾兌之所爲變也

圖之二七火同根於少陽成卦爲巽坎巽爲木坎爲水何也火麗於木乃炎故二火遂從木化水火互爲其根一六合七以爲火則七遂從一六而化爲水二爲火巽爲風風自火出也風鼓則火益熾七爲火坎爲水水從氣化氣即火也火極則復爲水天之雨山石之泉釜甑之汗皆火蒸鬱而成氣焦者色黑味苦者性寒海鹹者夜光水火之變易常如此二七本同根坎水氣寒巽木風寒仍復同類而聚也後天巽既爲木則木歸於東南以就生養之方坎既爲水則水歸於正北以從陰盛之位巽坎之所以易也

圖之三八木同根於少陰成卦爲離震震爲木離爲火八仍是木而三變爲火何也火無體以木爲體故三爲陰木遂爲離陰火而居東方之木位震爲陽木而陽火麗之象爲雷爲龍龍電之火陽火也亦相火也而本體爲木後天離火往南方歸其火盛之位以爲君而陽木之陽火歸於東方以相之東方是木之本位蒼龍亦東方之神也人身有心胞絡以裹心心爲君主之官膻中爲臣使之官膻中卽心胞絡此相火代君火行事也

五星七政高下次序皆合乎數之明證

中	五	十	土
東	三	八	木
南	二	七	火 (日)
西	四	九	金
北	一	六	水 (月)

精蘊云七政各麗一重天月天在下水次之金次之日次之火次之木次之土最高在經星天之下河圖以右旋觀之水北金西火南木東則土居中者宜在後而五星之自下而高者正應之河圖與五星皆自然之位置也月爲水之精故在水之下日爲火之精故在火之下則南北二方隱有

日月在其間而日天在中又爲月與五星之君猶人之有心君也更詳論之西人言四大元行水火土氣而無金木蓋以金木皆生於土是亦二物而非所以生物之本也然而在天成象實有五星在地成形實有五材在人則五藏應之則五行固不可易也五行有生出之序水火木金土有相生之序木火土金水有相克之序水火金木土而五星高下之次自上而下則土木火金水自下而上則水金火木土獨與彼三序不同何也蓋五行土最濁木次濁火在清濁之間金次清水最清故土木無影火外影金水內影五星以清濁爲位置濁者在上清者在下濁者在外清者在內與地上之輕清上浮重濁下凝者相反而相對也五行土最大爲四行之基分列五方則居中其氣流行則在火金之間而星次則移其在中之位特出居上包乎四星土之所以爲大也試使土星天移而居中在火金二星之間自上數之木火土金水正得相生之序今之異乎相生之序者由土往而居上以包四星也五行金水一家木火一體土既往而居上則其下

四星。金與水。木與火。各以母子相聚而相依也。河圖之位。北方西方太陽居一連九。太陰居四連六。星位水在下金次之。卽一六與四九之相連也。河圖南方東方少陰居二連八。少陽居三連七。星位火次金木次火。卽二七與八之相連也。土在上。卽河圖中宮五十也。左旋則土在中。今以右旋。故土在後也。五行生出之序。金位在四。試使金星天移在木土之間。自下數之。水火木金土。正得生出之序。今之異乎生出之序者。由金下而居二也。金在木火之上。火燃木以鑠金。金畏之。故下就水藉子以自救也。不唯自救而已。又以解水火之戰。受炎火之革。釋金木之仇。固木土之根也。五行之初。水火並生。卽相戰。水勝則火滅。火勝則水涸。有金以爲之隔。而水火之戰息矣。金性從革。畏火而亦喜火。來居火天之下。且在太陽天之下。二火鍛之而金愈精。唯從故能革也。木爲五行之生機。金木相克。生機將息。金移其位。則木之仇去而生機暢茂矣。木生於土。焚於火。金移其位。則木就土著根者。固火焚之而不盡矣。洛書與河圖、三同二異。由西南火金易位也五行相克之序火在二金在三此則金在二火在三所謂金乘之位火入金鄉也試使金火二天互易則水火金木土如相克之序矣五行生出之序本然之次第也相生之序氣之順行也相克之序性之逆制也五星之序則合三序而變之兼有圖書之理自成清濁之次而河圖五方之位實爲之根今祿命家以子丑屬土寅亥屬木卯戌屬火辰酉屬金巳申屬水其序正如五星之序午屬日未屬月則太陽太陰二天自相配也

二十八宿屬七曜皆合乎數之明證

精蘊云二十八宿之屬七曜以角木爲首四方之宿皆以木金土居前火水居後日月居中從來地理家演禽家祿命家未有能言其故者今發明之二十八者四其七也是因七政之高下次第而以宿配之一宿值一日也每一日分爲二十四分二十四分者二十四小時也東方蒼龍七宿以角爲首故角屬木自上而下第二曜也每一小時歷一曜三七二十一至土二十二至木二十三至火二十四至日則一日周徧次日是亢值日至

金故亢屬金木火日金隔四曜後皆隔四曜數之次土、次日、次月、次火、次水而復於木也中國有甲子而不知以宿值日西國惟以宿值日不知有甲子後來中西合爲一故今歷亦有宿值日之法西人謂開闢之初一日爲角宿也地理家又以二十八宿分諸天盤之二十四向乾坤艮巽屬四木辰戌丑未屬四金乙辛丁癸屬四土子午卯酉屬君相火甲庚丙壬屬四火寅申巳亥屬四水用之撥砂立向亦有至理宿有二十八向止二十四是子午卯酉兼得四日四月也月本是水之精而以爲相火亦有至理先天離爲日坎爲月坎之數七七本河圖之火故月爲相火也

河圖爲物理根源一覽圖

河國數	一六	二七	三八	四九	五十
方位	北	南	東	西	中
五星	辰星	熒惑	歲星	太白	鎮星
五行	水	火	木	金	土

五行之性	潤下	炎上	曲直	從革	稼穡
五行之味	作鹹入腎	作苦入心	作酸入肝	作辛入肺	作甘入脾
五時	冬	夏	春	秋	長夏中央土
五氣	寒	熱	風	燥	溼
日干	壬癸	丙丁	甲乙	庚辛	戊己
時出太元	藏	養	生	殺	該
五事出太元	聽	視	貌	言	思
五用出太元	聰	明	恭	從	睿
五撝佐也出太元	謀	哲	肅	乂	聖
庶徵	風	暘	燠	寒	風
休徵	時雨	時暘	時燠	時寒	時風
咎	狂	僭	豫	急	怠
咎徵	恆雨	恆暘	恆燠	恆寒	恆風

五性（出太元）	智	禮	仁	義	信
五倫	夫婦（有別）	兄弟（有序）	父子（有親）	君臣（有義）	朋友（有信）
五藏	腎	心	肝	肺	脾
五竅	耳	舌	目	鼻	口
五養	聲	味	色	臭	飲食
五欲	欲聲	欲味	欲色	欲臭	欲安佚
五音	羽	徵	角	商	宮
五聲（本素問）	呻	笑	呼	哭	歌
五色	黑	赤	青	白	黃
五臭（本月令）	朽	焦	羶	腥	香
五體（本素問）	骨（華在髮）	脈（華在面）	筋（華在爪）	皮（華在毛）	肉（華在脣四白）
五藏（以下皆素問）	志	神	魂	魄	意
五液	唾	汗	淚	涕	涎

五惡	腎惡燥	心惡熱	肝惡風	肺惡寒	脾惡溼
五志	恐	喜	怒	憂	思
志傷志勝	恐傷腎思勝恐	喜傷心恐勝喜	怒傷肝悲勝怒	憂傷肺喜勝憂	思傷脾怒勝思
氣傷氣勝	寒傷血燥勝寒	熱傷氣寒勝熱	風傷筋燥勝風	熱傷皮毛寒勝熱	溼傷肉風勝溼
味傷味勝	鹹傷血甘勝鹹	苦傷氣鹹勝苦	酸傷筋辛勝酸	辛傷皮毛苦勝辛	甘傷肉酸勝甘
變動	慄	嘔	握	欬	噦
藥養見周禮	鹹養脈	苦養氣	酸養骨	辛養筋	甘養肉滑養竅
五蟲見月令	介	羽	鱗	毛	倮
五穀本月令注	菽	黍	麥	麻	稷
五牲	豕	羊	雞	犬	牛
五器本太元	準	繩	規	矩	度量

婺源江永曰。天下事物皆出於五行。則皆根源於河圖。事物不可勝圖。舉其目之最著者列之。亦足以該無窮之事物矣。本編五事五用五擕之次序悉從太元改正

鎮江袁樹珊纂述

卜筮星相學之源流 下篇論氣象

演紀作歷之考正

王應麟六經天文篇云古法以紀蔀爲宗從伏羲先天甲寅積周一千八百一十四紀再入十五紀人元一十有二蔀當癸酉蔀歲在己丑而生帝堯至甲辰歲十有六即位越二十有一歲得甲子而演紀作歷是年天正冬至日在虛一度按乾鑿度皇極經世及漢皇甫謐所載並然（蔀音簿古歷法以十九年爲一章四章爲一部七十六年也）

六經天文編引漢上朱氏曰昔者黃帝迎日推策始作調歷閱世十一歷年五千而更七歷至漢造歷歲在甲子乃十一月冬至甲子朔爲入歷之始是時日月如合璧復會於牽牛距上元太初十四萬三千一百二十七歲蓋日月盈縮與天錯行積久閏差君子必脩治其歷以明四時之正所

謂四時之正者冬至日月必會於牽牛之一度而弦望晦朔分至啓閉皆得其正矣

依據太陽升降成歲之說明

三才發秘云中華地面在中天赤道北三十六緯度下實在天中之北也太陽南下赤道外二十四緯度止而復起（地圓如球中華在天中之北故以南爲下也）是謂陽生故仲冬爲一陽之月因太陽降極復升也陽氣一升是爲發生之始故立爲一歲之首歷一百八十二轉有零（轉即日也古人以太陽周轉爲一日）而進于赤道內二十四緯度止而復南行降下之令是謂陰生故仲夏爲一陰之月因太陽升極復降也又爲天中之月爰爲一歲之中也歷一百八十二轉有零又出于赤道外二十四度止而復北如是一升一降爲之一歲然一升一降之期遍歷周天經度故一歲定爲三百六十五轉四分轉之一將一歲之期二十四分之定爲二十四氣四分之定爲四時以合乎東南西北春三月合乎東夏三月合乎南秋三月合乎西冬三月合乎北然陽生乎子

半子居正北之中故南至在於仲冬之中氣正北方、子半之機也陰生午半午居正南之位故北至在于仲夏之中氣正南方、午半之理也春秋二分適平陰陽故仲春仲秋之中氣謂之兩分方在東西卯酉之正也故子午卯酉爲之四正萬物生旺收藏之機悉從太陽旋轉之氣故凡作用當考眞太陽躔數自然獲福

四時十二月二十四氣七十二候皆本一氣之說明

六經天文編引黃氏曰二十四氣本一氣也以一歲言之則一氣耳以四時言之則一氣分而爲四氣以十二月言之則一氣分而爲六氣故六陰六陽爲十二氣又於六陰六陽之中每一氣分其初、終則又裂而爲二十四氣二十四氣之中每一氣有三應故又分而爲三候是爲七十二候原其本始實一氣耳自一而爲四自四而爲十二自十二而爲二十四自二十四而爲七十二皆一氣之節也

依據太陽成日定時之說明

三才發秘云太陽圜轉地周謂之一日將圜周分爲十二分立子、丑、寅、卯、辰、巳、午、未、申、酉、戌、亥十二字以別之子午定上下之中卯酉居東西之正丑寅位東北之維未申安西南之位戌亥分守西北辰巳位列東南北方屬水故亥子丑三辰之五行爲水東方屬木故寅卯辰三辰之五行爲木南方屬火故巳午未三辰之五行爲火西方屬金故申酉戌三辰之五行爲金土爲天之中炁附于四方之末故辰戌丑未又爲土然四辰之土非全土也各有相兼之性丑土兼乎水辰土兼乎木未土兼乎火戌土兼乎金于中作用當兼參其性方得理氣之眞以太陽所到某字即爲某辰以正子時爲日首者陽起之機也以夜子時爲日尾者陰極之義也能明是理十二枝辰用其名亦可易其名亦可矣

或謂枝辰不過記四方之氣耳若以四行論之東西南北四字足以盡之矣若以中氣所寄以五行論之定二十字方可以精明其用今不於四而亦不於二十必止於十二者其故何歟余曰聖人定法不于四而

亦不於二十者。因太陽圜周三百六十五轉、四分轉之一。而與太陰交會者則惟十有二焉。先聖止用十二字以別之。原夫陰陽會合之機。天運循環之妙。豈隨意而設立者哉。

依據太陽定時各國不同之說明

發秘云。一日十二時。皆從子正而定。因太陽一轉之氣始升也。然我方域之正卯。卽東土之正午。西土之正子。下土之正酉也。我方域之正午。卽東土之正卯。下土之正子也。我方域之正酉。卽東土之正子。西土之正午。下土之正卯也。我方域之正子。卽東土之正卯。西土之正酉。下土之正午也。故上之陰極陽生。卽爲下之陽極陰生。東之陽極陰生。卽爲西之陰極陽生。此皆以太陽升降之氣而定子午。非以我之子、上下東西皆子。我之丑、上下東西皆丑也。欲審幹枝者。此理宜明。古人有云。明察陰陽升降之機。方識幹枝消長之理。義當如是。

珊按、能明乎此。不獨中國人之命可推。卽東西各國人之命亦可推。蓋

五行衰旺皆以時爲準繩中外雖殊其理則一也

歲首從仲冬年首從孟春之說明

發秘云歲首者必取乎子之半以子半爲陽氣初生之地也三冬皆爲北方之氣惟仲冬爲正北之候其中氣乃正北之正中也故歲首必定乎仲冬之中或謂仲冬既可爲歲首也卽可爲年首今年首不於仲冬而必於孟春者何也然春夏秋冬卽東南西北之氣也春令卽東方之氣得寅卯辰之三枝寅卯辰乃太陽所出之地（夏至前後日出寅入戌兩分前後日出卯入酉冬至前後日出辰入申故云然也）陽氣之所起萬物因之而生故立爲一年之首取其氣能爲之發生也夏令卽南方之氣得巳午未之三辰巳午未乃日光之正位陽氣最盛之地也故萬物因之而茂秋令卽西方之氣得申酉戌之三辰申酉戌乃太陽入沒之鄉陽氣所收之地也故萬物亦因之而斂冬令卽北方之氣得亥子丑之三辰亥子丑乃不見日光之位爲太陽所藏之地故萬物亦因之而藏雖子中有陽生之機而不立於明地不能有長生之功故不立

爲年季之首也。

又云太陽所起處爲一歲之首太陽所出處爲一年之首故仲冬之月令子孟春之月令寅爲萬世之則法理之不可易者也。

陳畊山曰夏以寅月爲年首之正月體天地之正氣也其後周以子月爲正月乃仲冬之月而書春非天時之正故夫子書之曰春王正月言此春正月乃時王之正月非天時之正月也孔子又曰行夏之時亦示人當以寅月爲年首矣。

周時數月實用夏正建寅之說明

六經天文編引夏氏曰春秋所書乃孔子尊王故以周正數之其實周時數月實用夏正今七月四月之詩可見矣兼秦本紀亦以十月爲歲首則歲首但以十月爲之而已非改十月爲正月也。

夏正建寅中有至理之說明

天文編引朱氏曰陽氣雖始於黃鍾而其月爲建子然猶潛於地中而未

有以見其生物之功也歷丑轉寅而三陽始備於是叶風乃至盛德在木而春氣應焉古之聖人以是爲生物之始改歲之端蓋以人之所共見者言之未有知其所由始也至商周始以征伐有天下於是更其正朔定爲一代之制以新天下之耳目而有三統之說然以言乎天則生物之功未著以言乎地則改歲之義不明而凡四時五行之序皆不得其中正此孔子所以論考三王之制而必行夏之時也

珊按夏正建寅之理朱氏言之最詳南海康氏日本書目志有云日本近改用俄歷然是建丑泰西以冬至後十日爲歲首是建子仍不出孔子之三正也緬甸建四月馬達加斯加建九月今皆滅矣天下無出三正外哉信乎孔子之制遠也由是觀之我國三正之制非同泛設從可知矣惟按諸日本大正丁卯年歷書載明一月一日乙未乃是建子並非建丑其二十四節氣仍以建寅爲主可見日本改用俄歷建丑之說至今並未實行也

依據天正宿度定十二月建之說明

發秘云、月建者、乃十二月節令之名、古聖定於天正月躔宿度。非從斗杓昏指宮辰爲法也。天正一陽來復。天體始定。故卽以太陽所纏宿度爲之準。如唐虞月纏虛度、虛度卽爲建度、今清朝日纏箕三、箕三卽爲建度是也。然天道左旋。日環地一周而天左進一度、三十日有零、而左進一宮。故三十日有幾、而易一建。三百六十五日有幾、而易十二建也。南至乃子月之中氣、得子辰之半也。歷十五日有零、而天正建宿、則左進十五度。移於丑舍。故交小寒節而月建丑。再三十日有零、而天正建度、又進於寅矣。故交立春節而建寅。是皆以天正日躔宿度所建爲定。曷嘗以杓星所指爲建哉。

依據太陽成月之說明

發秘云、天之周、因太陽所躔而定、爲三百六十五度、四分度之一。然太陽環地一周、而天左進一度、太陰右退十二度有幾。太陽環地二十九周零、而太陰共退三百六十五度、四分度之一、而復與日會。謂之一月。故太陰名之曰月。

閏置之說明

發秘云夫歲者因太陽南北升降、東西旋轉所由定也。太陽每周轉、而列宿左進一度。凡三百六十五轉、四分轉之一。而列宿復原會之所。却與升降之氣合。謂之一歲。故一歲定爲三百六十五日四分日之一。夫年者、以十二月而定四時者也。太陰每日不及太陽十二度有餘。遲二十九日五零、而復退與日會。謂之一月。每十二月、實止三百五十四日。當不及歲十日有零。但四時生殺之機。悉由歲氣而然。非從年月也。凡歷三十四月。却差二十九日有零。將此二十九日零閏去。方與歲運合。則四時生長收藏之機。原與二十四氣相配者也。不然則寒暑貿易。四時舛錯。九年後而夏爲之春。再九年而秋亦爲之春矣。生旺收藏。豈能合於四時乎。故聖人置閏。原以齊歲日也。

地枝五行氣有生旺衰之說明

陳眀山曰。無而有者謂之生。有而盛極謂之旺。盛極漸消謂之衰。此生旺衰三字之理義也。以時氣論之。春爲之生。夏爲之旺。秋冬爲之衰。以四隅論之。東爲氣之生。南爲氣之旺。西與、北則爲氣之衰。以一日之氣而論之。晨爲氣之生。晝爲氣之旺。昏爲氣之衰。此數者、舉大體而言者也。若夫五行之生旺消衰。天地亦有一定之機。木居其東。所統之枝乃寅卯辰之三位。寅居水位之界。叨北氣之施生。爲東方始生之氣。當爲木之生也。卯居東之正位。得本方正盛之氣。故爲木氣之旺。過其正位。其氣漸消。況南離之火。欲竊其氣而施生。故辰爲木之衰。火位乎南。所統之枝乃巳午未之三辰。巳與木隣。仗東方母氣而生。爲南方始生之氣也。故巳爲火之生。午位離宮本方正氣。火旺可知。未臨南方之末。氣消體弱。又欲生中土而洩氣於西方。故爲火之衰也。餘西方之申酉戌。北方之亥子丑。理可類推矣。然此木火金水四行。得天之陽氣。已循環順生。有旺衰之論矣。而土位乎中。其氣之生旺消衰。又當從何字也。土位乎中。寄于四行之末。故辰戌丑未四辰之未半皆屬乎土也。但此四枝之土。其氣有不同。辰土也。前雖受木之尅。而辰初之木氣巳衰。後叨受火氣相生。巳辰之機正發。故辰當爲土之初氣。未土也。雖氣洩西方。適當盛火之餘。其氣之旺。惟斯爲盛。而未當爲土之旺。至於戌也。洩氣在於前。尅戰臨於後。而戌當爲土之衰。至丑土也。尅戰在於前。受尅臨於後。其氣至此。力何以堪。爲衰之極也。故寅、申、巳、亥、辰、爲五行之生。子、午、卯、酉、未、爲五行之旺。辰、戌、丑、未、丑、爲五行之衰。此五行生旺衰之理氣也。至於申爲水生。亥爲木生。寅爲火生。巳爲金生。此又乃合三正玄機之理。隔八相生之義。三合連珠之妙用。又不可執此而廢彼也。

三元運氣之說明

陳耕山曰。元運之機。發於洛書。以花甲一周曰元。洛書飛弔曰運。花甲有幹有枝。洛書有數無名。故聖人以洛書之數而命名曰一白、二黑、三碧、四綠、五黃、六白、七赤、八白、九紫之稱。即將文王後天又配爲一坎、二坤、三震、四巽、五中、六乾、七兌、八艮、九離之卦。以便易於輪推也。然以幹枝而配洛書之數。必三周花甲兩運洛書而適齊。故花甲有上元、中元、下元之別。洛書有一白、四綠、七赤之運。幹枝首曰甲子。洛書初曰一白。故上元甲子六十載爲坎卦統運。氣旺於北。重初卦。爲元運之首也。天道每歲順行逆差。故洛書每歲順飛逆運。運至六十。而終於五黃。故中元甲子起巽而四綠爲中元之統運也。又逆運六十。而止於八艮。故下元甲子起兌而七赤即爲下元之統運也。雖重元首卦。爲六十載之統運。然每歲中又各有主氣也。如上元甲子。乃一白坎卦主氣。其歲氣旺於北。乙丑則九紫離卦主氣。其歲之氣。又旺於南矣。然九紫雖旺南離。無奈一白坎水統運。氣無所伸。故雖旺而不爲旺也。又如中元甲子。乃四綠巽卦統運。其氣旺於東南。乙丑則三碧震卦主氣。其歲之氣。又旺於東矣。兼之統運同氣。其旺可知。又如下元甲子。乃七赤兌卦統運。其歲氣旺於西。乙丑乃六白乾卦主氣。其歲氣旺西北。更兼統運相同。亦氣之最盛者也。然舉此數卦。餘可得而類求矣。總之、流年主氣、合統運者爲旺氣。爲統運所生者爲生氣。生統運者爲失氣。爲統運所克者爲死氣。克統運者爲煞氣。此數語、足悉元運理氣之大旨矣。又奚煩多言哉。

述卜筮星相學卷二終

受業 丹徒張頤壽延 江都田德明硯仙 同校

鎭江袁樹珊纂述

卜筮星相學與物理相通

格物致知十事

劉伯溫郁離子云天地之呼吸吾於潮汐見之禍福之素定吾於夢寐之先兆見之同聲之相應吾於琴之絃見之同氣之相求吾於鐵與磁石見之鬼神之變化吾於雷電見之陰陽五行之消息人命繫其吉凶吾於介鱗之於月見之祭祀之非虛文吾於豺獺見之天樞之中吾於子午之針見之巫祝之理不無吾於吹蠱見之三辰六氣之變有占而必驗吾於人之脈色見之、觀其著以知微察其顯而見隱此格物致知之要道也不研其情不索其故梏於耳目而止非知天人者矣（蠱。公五切。音古。毒害人之物也。左傳、皿蟲爲蠱。疾如蠱。吹蠱。鮑照歌、含沙射流影。吹蠱痛行暉。是也。）

珊按、此篇所論十事曰天地曰禍福曰同聲曰同氣曰鬼神曰陰陽五行。曰祭祀。曰天樞。曰巫祝。曰三辰六氣。卽證之以潮汐、夢寐、琴弦、鐵石、雷電、及介鱗與月、豺獺與夫子午針、吹蠱、脈色。一問一答。確鑿無移。謂爲足破不研其情、不索其故、梏於耳目而止者之大惑。不亦善乎。

動植礦三物皆可爲五行生尅合衝之佐證

江都史念祖兪兪齋文稿云。陰陽五行、向背生尅之說。君子不溺而信之。其理則宜參也。自來詆其說者。以宋仁宗東家之西卽西家之東二語稱極智。實至愚之論耳。天地之大也。萬類處其中。方無定向。向各爲方。雖不南。磁石之針不東西。然而南行之人。雖不死。挾鍼而馳。東西鍼不變。朝於東。牆而避。曰問諸東隣之西牆。有杲杲而已。苟必欲統大地遠近而合論之。則泰山未必東。太華未必西。祀事不必南郊。投畀亦無所謂有北也。國朝袁簡齋以幹枝無義理。無殊一二三四之代數。誠代數也。羲卦亦代數。數成而義理見。義理見而吉凶生。禱子而得一三。求偶而遇二四。能謂其非徵乎。且夫五行之氣。母萬類。純雜厚薄。則變化而難窮矣。積油自然積水自苔積火自灰水貯金則不涸金入土則自行五金蘊而高山童草種落而堅城崩溼蟲避燥土木蟲僵西風雞以冲而鳴卯鼠以合而動丑再胎之豕食赤蛇猰㺍懼火蛟螭之屬畏金或强而懾弱大而畏小柔而破堅大抵得氣純而厚者其徵專得氣雜而薄者其徵錯有難言之理無無理之物非博學不能知徒博學不能盡知吾嘗瀏覽術數之書矣未始不歎自古日星相卜堪輿奇遁諸家其至神奇者亦僅得陰陽五行之蹏涔而更不能無欲無尤乎蒯通華陀郭璞郭磬李虛中輩往往以用非其道而禍身苟有人焉靜觀萬有由萬返一超離乎吉凶禍福而參陰陽五行自然之奧則數不外道固一格致天人之學也君子惟當鑒其所得小而所用不正若以箏琶媚人而疑五音之不能通神文章欺世而詆經傳之不足致治不亦傎哉猰㺍音軋猰貐類貙虎爪食人迅走㺍音陌獸名體小於驢皮厚似犀毛短頸粗眼小鼻突出長於下唇屈伸自由常食水芽果實之屬性柔易馴螭音癡舊說若龍而黃無角亦作彲

珊按此篇以鍼不南磁石之鍼不東西朝於東牆而避日問諸東隣之

西牆有呆呆而已。足破仁宗東家之西即西家之東二語之愚。以羲卦亦代數。數成而義理見。義理見而吉凶生。禱子而得一三。求偶而遇二四。能謂其非徵乎。足破袁簡齋幹枝無義理、無殊一二三四代數之惑。以積油自然。積水自苔、積火自灰、水貯金則不涸。金入土則自行證明五行相生。以五金蘊而高山童。草種落而堅城崩。溼蟲避燥土。木蟲偃西風。證明五行相剋。雞以衝而鳴卯。鼠以合而動丑。證明地枝合衝。此等議論斑斑可考。非格物致知讀書明理者。不能道其隻字。至於蒯通、華陀、郭璞。等用非其道而禍身。亦是平允之論。末謂以箏琶媚人而疑五音之不能通神。文章欺世、而詆經傳之不足致治。尤為精闢。立言如是。可不朽矣。

歲有三百六十日之物候

空同子云。時甲子、五日一周。周六而成月。月甲子、兩月一周。周六而成歲。歲甲子、六十歲一周。周六而爲三百六十。倮蟲三百六十、而人長之。毛蟲三百六十、而麟長之。羽蟲三百六十、而鳳長之。介蟲三百六十、而龜長之。鱗蟲三百六十、而龍長之。皆六之則也。

歲有四時之物候

徐鉉圖經本草云。象膽隨四時。春在前左足。夏在前右足。秋後左足。冬後右足也。淳化中、一象春斃。太宗命取膽不獲。問鉉。鉉以此對。果得於前左足。

歲有十二月之物候

本草綱目云。諸畜肝數皆定。惟獺肝一月一葉。十二月則十二葉。

十二月次序之物候

段成式酉陽雜俎云。鷓鴣飛數逐月。如正月一飛而止於窠中。不復起矣。

鷓。之夜切、音柘、鴣。攻乎切。音孤。鷓鴣。鳥名、形似斑鳩。胸有白色圓點。背有紫赤色波文。

月建大小之物候

埤雅云。科斗月大盡先生前兩足。小盡先生後兩足。

歲有閏月之物候

埤雅云。黃楊木、性堅緻難長。俗云。歲長一寸。閏年倒長一寸。

又云。藕生應月。月生一節。閏輒益一。

爾雅翼云。牡丹遇閏。歲花輒小。又云。茈菰種水中。一莖收十二實。歲有閏、則十三實。調燮類編云。茨菰一根。環十二子。閏年十三子。

羽毛考異云。鳳尾十二翎。遇閏歲、生十三翎。今樂府小調尾聲。一十二板。以象鳳尾。故曰尾聲。或增四字。亦加一板。以象閏。

石室奇方云。棕櫚俗名棕。披其本最堪為屐。其木應月生片棕。遇閏則生半片。歲長十二節。閏年增半節。

雲南志云。和山花樹高六七丈。其質似桂。其花白。每朶十二瓣。應十二月。遇閏輒多一瓣。俗以為仙人遺種。

又云優曇花、在安寧州、西北十里。曹溪寺右。狀如蓮、有十二瓣。閏月則多一瓣。色白。氣香。種來西域。亦娑羅花類也。

歲閏何月之物候

遁甲書云、梧桐可知閏月。無閏生十二葉。一邊有六葉。從下數。一葉爲一月。有閏則生十三葉。視葉小者。則知閏何月。

正月之物候

周書時訓云。立春之日。東風解凍。後五日蟄蟲始振。後五日魚上冰。雨水之日獺祭魚。後五日鴻雁北。後五日草木萌動。

二月之物候

又曰驚蟄之日桃始華。後五日倉庚鳴。後五日鷹化爲鳩。春分之日元鳥至。後五日雷乃發聲。後五日始電。

三月之物候

又云。清明之日桐始華。後五日田鼠化爲鴽。後五日虹始見。穀雨之日萍始生。後五日鳴鳩拂其羽。後五日戴勝降於桑。鴽。音如。鳥名。鵪鶉之別稱。

四月之物候

又云。立夏之日螻蟈鳴。後五日蚯蚓出。後五日王瓜生。小滿之日苦菜秀。後五日靡草死。後五日麥秋至。

五月之物候

又云。芒種之日螳螂生。後五日鵙始鳴。後五日反舌無聲。夏至之日鹿角解。後五日蟬始鳴。後五日半夏生。（鵙，音決。鳥名。伯勞也。體長七八寸。嘴短。上嘴如鈎而尖。其側緣有齒。狀缺刻。尾極長。止則上下搖動。亦名百舌。或作鴃。）

六月之物候

又云。小暑之日溫風始至。後五日蟋蟀居壁。後五日鷹乃學習。大暑之日腐草爲螢。後五日土潤溽暑。後五日大雨時行。

七月之物候

又云。立秋之日涼風至。後五日白露降。後五日寒蟬鳴。處暑之日鷹乃祭鳥。後五日天地始肅。後五日農乃登穀。

八月之物候

又云。白露之日鴻雁來。後五日元鳥歸。後五日羣鳥養羞。秋分之日雷始收聲。後五日蟄蟲坯戶。後五日水始涸。坯、音培。益也。以土封隙也。

九月之物候

又云。寒露之日鴻雁來賓。後五日雀入大水爲蛤。後五日菊有黃花。霜降之日豺乃祭獸戮禽。後五日草木黃落。後五日蟄蟲咸俯。

十月之物候

又云。立冬之日水始冰。後五日地始凍。後五日雉入大水爲蜃。小雪之日虹藏不見。後五日天氣上騰。地氣下降。後五日閉塞而成冬。

十一月之物候

又云。大雪之日鶡旦不鳴。後五日虎始交。後五日荔挺出。冬至之日蚯蚓結。後五日麋角解。後五日水泉動。鶡、音曷。鳴、音旦。鶡旦、狀如蝙蝠而大。亦名寒號蟲。展翅達二尺餘。尾小。頭及腹部帶赤色。餘皆黑色。

十二月之物候

又云。小寒之日雁北向。後五日鵲始巢。後五日雉鴝。大寒之日鷄乳。後五日征鳥厲疾。後五日水澤腹堅。雉、音豸。鳥名。形狀習性與雞相類。雄者甚美麗。目赤。尾甚長。雌則否。棲息山野。食穀類嫩菜及蟲。侵及禾稼。故為害鳥。雊、音購。雉鳴也。

月令陰陽之物候

孟康漢書注云。冬至先三日。垂土炭於衡之兩端。輕重適均。冬至、陽氣至則炭重。夏至、陰氣至則土重。

六經天文編引張氏曰。陽生於子。實兆於亥。故十月薺麥生。陰雖生於午。實兆於巳。故四月靡草死。

朔望弦晦之物候

大戴禮記云。朱草日生一葉。至十五日、生十五葉。十六日、一葉落。終而復也。路史云。朱草者、百草之精。狀如小桑。栽子、長三四尺。枝莖如珊瑚。生名山石巖之下。刺之如血。其葉生落。隨月晦朔。亦如蓂莢之類耳。

帝王世紀云。堯時階前蓂莢。每月朔日生一莢。至月半生十五莢。至十六日後。日落一莢。至月晦而盡。若月小則餘一莢。厭而不落。故王者不必按歷而知朔。

種樹書云。菠薐過月朔乃生。今月初一初二種。與二十七八日間種者。皆過來月初一乃生。驗之信然。菠薐國菜名。

呂氏春秋云。月也者、群陰之本也。月望則蚌蛤實。群陰盈。月晦則蚌蛤虛。群陰虧。月形於天。而羣陰化於淵。

林泉隨筆云。婺州之屬邑曰浦江。其地有泉。名曰月泉。其水晦日則涸。月生明則漸瀉出。未望則長。既望則滿也。

埤雅云。驢、馬、駒、隨母行。有在前者。有與母竝者。有隨後者。此由生時爾。月初生者在前。月半生者處中。月末生者居後。

西溪叢話云。會稽碑、論海潮云。隨日而應月。依陰而附陽。盈於朔望。消於朏魄。虛於上下弦。息於輝朒。朏。音斐。月未盛之明也。

日有十二時之物候

羣芳譜云。十二時竹。產蘄州。其竹繞節凸生子丑寅卯等十二字。點畫可數。
嶺表錄異云。十二時蟲五色者。身尾長丈餘。腦上連皆有鬐鼠草樹上行極迅速。亦多在人家籬落間。俗傳云。一日隨十二時變色。因名之。埤雅云。蜥易、日十二時變色。故曰易也。

漢書五行志云。雞者小畜。主司時。起居人。註、至時而鳴。以爲人起居之節。

埤雅云。易曰巽爲雞。兌見而巽伏。故爲雞。雞知時而善伏。故也。讀書錄云。丑前雞先鳴者。陽氣動也。午中雞亦鳴者。陰氣動也。

陶朱公書云。金錢、一名子午花。午開子落。吳人呼爲夜落金錢。

戊巳二幹之物候

抱朴子云。鶴知夜半。燕知戊巳。宋朱翌猗覺寮記云。燕作巢避戊巳日。白樂天禽蟲詩云。燕違戊巳。鵲避歲。初明郎瑛七修類稿云。燕。水鳥也。故名玄鳥。其來去皆避社日。不以戊巳日取土爲巢。書戊巳於巢則去。皆因土克水也。

十二生肖之物候

酉陽雜俎云。十二辰蟲。狀似蛇醫。脚長、色青赤、肉鬣。暑月時見於籬壁間。俗云見者多稱意事。其首倏忽更變。爲十二辰狀。（鬣。音獵。長鬚也。）

珊按、歲時廣記云。蛇醫、卽蜥蜴。又名蝘蜓。字典云。蜥音錫。蜥蜴。脊椎動物之一。長六七寸。有四脚。似壁虎。俗名四脚蛇。雌褐色。雄青綠色。舌短。尾易斷。常棲石壁之隙。捕食細蟲。蝘音偃。蝘蜓。脊椎動物之一。一名守宮。俗謂壁虎。狀如蜥蜴。而體尤扁平。灰褐色。有四足。善緣牆壁。並不螫人。捕食昆蟲。爲有益動物。據此則蜥蜴與蝘蜓。似同實異。玆並錄之。以俟博物家考正。

本草綱目云。象具十二生肖肉。各有分段。惟鼻是其本肉。膽不附肝。隨月在諸肉間。如正月卽在虎肉也。

珊按、已酉秋。晤宋午庭先生。詢以貴處東臺。濱海之地。物產必饒。渠云、東海出產。以動物占多數。而尤以鬪魚爲最奇異。蓋尋常之魚。無論巨細。形狀不更。每年應時而出。閏魚則非閏年不可見也。且形狀不一。按所聞之年枝生肖而變更焉。如子年則鼠首魚尾。丑年則牛首魚尾。推而至於寅年虎首。卯年兎首。無不酷肖。光緒甲申閏月。余曾親見閏魚之形狀。猴首魚尾。身長十餘丈。肋骨幾及丈餘者。但此魚非人力所能捕獲。必待海潮驟落。自斃沙灘。乙卯秋、又與葉子實先生縱談及此。所見亦同。據二君之言。則海隅動物。有若此之靈異。地枝生肖有若是之明證。誰謂幹枝假設。生肖無憑耶。（此按、曾載拙著命理探原。）

火能尅金金能尅木之物候

空同子云。麥種於秋、而焦於夏。火尅金也。麥穗直而芒。有兵象焉。穀種之春而焦於秋。金尅木也。穀穗垂而毛。有木象焉。

卜筮星相學與科學相通

五行之氣合天地之氣

五行、氣也。氣不可見。不可量。不可狀。欲其易知。則姑以性情相似之水木火金土爲名。老子所謂、道不可道。無以名之。强名爲道。是也。執泥於實物。妄求其闕合。是爲不知神化。局拘於偏見。武斷其虛無。是爲未測高深。天地之氣。蘊而未顯者。多矣。蠡測管窺。寧知廣大。彼冷光死光未發見以前。又曷嘗可見可量可狀耶。

得天地之氣獨厚者謂之人

人禀天地之氣以生。而得氣獨厚者也。識者疑吾言乎。則試與求地球。尙在星雲時代。曷嘗有動植物種子之存在。其後以次而生。何一非氣之所結。特禀受有所不同。則形狀莫能不異。達爾文創爲進化之說。遂開今日弱肉强食之風。其罪甚大。其見亦誤。彼謂人實猴之進化。不知人自人。猴自猴。若謂形狀相同。組織相同。則虎與貓、皆肉食類。（動物家以貓虎爲同科。）大小雖不一。外表實相同。謂虎卽貓之進化。豈不噴乎。則人之得氣獨厚。與非猴之進化。亦可以悟矣。

幹枝二十二字如化學之符號

幹枝二十有二有爲考據之學者謂卽古之字母。並謂與歐文字母通。如甲(古文令)卽A。丁卽T之類吾未研字源。莫知究竟要之古人以干支代表五行之陰陽正氣雜氣。正如今日之化學符號然八字是一分子式。旣有分子式。是其中之成分業已明布據八字以斷人一世之榮枯誰謂其根據薄弱。獨惜未精斯道者。不免有曲斷誤斷之處。

十幹陰陽之理證以電學數學益明

甲爲一數。爲陽始、在千中爲至尊。奇門遁甲(遁之爲言隱也)隱之而不敢用也。凡數莫不始於一。窮於九。(十復變爲一)無一則無二。又安得有九。一生二。二生三。生之不已。數遂繁賾。則一之爲至尊。又豈待言。夫一生二。陽生陰也。二生三。陰復生陽也。陰陽相生之理。以電學證之。卽悟至一生二。事似無稽。而實有至理。物有實體。亦必有影體。影體者、對體也。達摩面壁。影深入壁。方孝孺之血。沁入石中。至今猶留影像。其例不一。要之皆自實體傳來、故今之相對論者。於第二空間之外。更倡第三第四空間之說。即悟此理。物之影射。久後凝爲別一物。勢有固然。（俗謂茯苓爲松影凝結而生。吾幼時嘗於松樹下得之。小而易碎。雖不敢遽下斷語。謂即松影所生。然終未釋其疑。若科學家則必斷言無此理。雖然今之科學未達止境。以後來所得。取消前說者多矣。鐳錠傳光。別金屬得之亦俱有發光之性質。雖小可以喻大也。）以次蛻變不難自二而三、而四、而五矣。又何疑焉。

一三五七九、陽數。二四六八十、陰數。陽奇陰偶。諸數陽中惟一之數。體用兼備。其自乘再乘數。雖永不再變。而爲點、爲線、爲圓、爲平方、爲立方。莫不以一已之力。無得於外來之數。他數不能也。如二自乘爲四。成平方矣。若欲成爲立方。非以六乘之不可。十百千萬億、以迄秭歸。皆一也。特方位不同耳。一進爲十。（陽變陰、復返於陽。）兩十相乘。斯百矣。再乘一十。斯千矣。萬億猶是法也。而平方、立方、各具焉。雖然、以一乘一。數仍一也。以一乘萬。萬數仍不變也。而前一隱而不可見矣。（二乘二爲四。原數猶可尋。拆之即見也。若一拆之則爲（○五不成原數。）故前之一名爲本一。後之一名爲始一。

十二地枝子水居首證以地質學生理學益明

地支以子爲首。子水也。萬物莫能外水。有之則生。無之則死。人體含水至百分之七十無論矣。乃至金屬之中。亦有結晶水。在地學家、謂地球之生人類。實在洪水以後。將來人類、亦因水分蒸發淨盡而滅絕。可見水之重要。以子首列。具見命理實合科學。

甲木乙木截然不同之明證

甲爲陽木。生亥死午。乙爲陰木。生午死亥。正律呂隔八相生之理。然木無二致。顧何以生死不同地。或言陰陽不同類之故。然猶未能更進一解也。余謂乙實甲之蛻體。何以言之。乙者一也。在木類之中。甲屬本一。乙屬始一。本一隱。則始一出。甲生於亥。長於辰。所謂乾始巽齊。辰巳同居巽宮。辰獨爲水庫。言陽木至是。生機至足。故曰木道乃大。大凡造化之理。盛極則衰。甲至辰巳有衰象。至巳乾道乃革。蓋巳受兌化。庚金長生於此。巳又屬火。木至此一受庚尅。再受火焚。所剩者只有餘氣。言死午者。指乙代生之地也。正莊子方生方死、方死方生之義。由先天亥起數。至數天巳止。正七位。又由後天子起數。至後天午止。亦正七位。物之數七、止而九窮、甲由亥到巳。而不知亟返。乃復強越。以致受災。乙代甲生。陰乘陽位。子代父興。更變其經行之道。不自申前進。而自午逆轉。蠱卦爻辭曰。裕父之蠱。往未得也。此陰數所以逆行也。植物家謂山林屢經火災。則喬木留根者。初變而成筐。再長而爲竹。乙實甲蛻。與五行家名甲爲喬木。名乙爲花木。觀此不更明乎。北方竹科植物少。愈北則其類絕。以次往南。不獨種類繁多。且愈壯大。是其明證。

戊土己土截然不同之明證

命書謂戊乃城墻堤岸之土。詞句鄙俚。義亦隱晦。余謂戊長生於寅。寅爲艮宮。艮爲山。山之始皆石。凡石無不含金屬。水冲之風化之而成土焉。既成爲土則金與土雜而於此可見土生金之說也西門德士三合土之原料皆取自山石故質性堅凝深合建築要塞之用實與文義合也若山土之含腐敗木葉及諸有機物者其色黑地質學上名爲壤土命書名己土爲田園之土實卽指此鋁卽取自壤土者（鋁以白礬中爲最多白礬雖開自礦中然亦隨地可得但製法頗繁須以極强電力分之）且壤土亦多含鐵質故己土亦能生金也

金能生水金沈怕水均合化學之原理

庚金死子辛金生子陽死陰生觀甲乙代替之理不難昭知五行之說以庚比頑金辛喻珠玉其說當否姑不具論至言金能生水吾初大詫不獨中外所未聞抑且書籍所不載淮南子雖有金與金相守則流之說意謂兩金磨擦過久生熱而鎔與生水無關也嗣細繹其義知五行乃氣氣不可以有形質者證之然假道於實物以說明其道終近凡酸類皆有鎔金爲水之性卽以水言之水含輕養二質養卽酸也何以與輕合化學家謂

輕之性、頗類金屬。故有準金屬之名。意者金之生水。或卽與酸類化合乎。若夫夏季鐵物表面滿集水點。俗所謂流汗者。乃空中水氣集合於金屬面。似與生水無關也。

命書有金沈怕水鄉之句。解謂金之日主。遇四柱水多則其人不發達。余謂金之怕水多。實卽鐵物沉於深水之中。遇水酸化生銹之理。年代愈久。銹愈深。終乃銷磨淨盡。而融解矣。地中之水無不含鐵質、滿俺、及石灰質。此三者皆金屬也。金既化盡。尙有可表見者乎。

强木喜金弱木忌金及戊癸化火之說均合化學之原理

命書有梁棟材、喜與斧斤爲友之句。言陽木得少金則相得益彰也。又云牛山濯濯。言多金則木敗也。蓋木無土不生。木之生活原質。直接取諸土。卽間接攝諸金。試以木灰分析之。其中礦質頗多。故木不能無金。卽木喜金之說也。但金太多、則木反枯。如以石灰堆之樹下。樹無不死。此金多木敗之明證也。

戊癸化火之說。(土與水合生火)可以亞色知林、及石灰與鈉之類證明得之。蓋此類金屬得水或生强熱。或發火光。土既含雜質。不少鈣類之物。遇水有發熱之性。但水少則然。水多則熱爲所奪。故有戊癸化火入水鄉。其光不顯之說。

珊按以上九篇。錄自命理商榷。此書爲古閩陳傑生先生所著。議論宏通。中西一貫。讀之可知命學與科學有息息相通之妙。非嚮壁虛造者。所可同日而語也。

幹枝五行之數學 附推測五行天幹地枝甲子等算式

武進金雯琦 聖瑞

幹枝五行之數學研究云。瑞讀星命諸書、見昔人之精斯道者。類能知數。且有述算書、與星命諸作。並傳不朽。余始疑星命學與數學相爲表裏焉。近觀虛數學、覺其循環往復之理。與幹枝之周而復始。隱相契合。乃列幹枝五行爲等分角。以虛數運算之。果井然有條。即用以解生尅合衝之數。亦莫不纖悉無訛。夫幹枝肇端於羲皇以上。而虛數創、制、纔二百年。遠近相懸。何止千禩。按其學理。竟能合若剖符。可見星命之學。淵源有自。是以歷久不磨。所可異者、秦火幷未及卜筮之書。何以先賢名著。蕩然無存。今欲求一確定幹枝五行、及生克合衝之精義。亦渺不可得。豈非一大怪事哉。邇來聞有讀書明理之士。每有以科學闡發星命學者。成績頗多。殊爲欣幸。他日增高繼長。集腋成裘。吾知星命學之自成科學。可斷言也。爲此不懃譾陋。謹貢所知。惟希海內通人匡正之。

先用極坐標、作$\frac{2\pi}{5}$ $\frac{2\pi}{10}$ $\frac{2\pi}{12}$及$\frac{2\pi}{60}$之圖解、次將五行、十干、十二支、六十甲子、順次置之圖上、則五行、十干、十二支、六十甲子、各得一雜數以表示之、茲分圖於後、（爲便利計、命 $\phi(e) = (\mathrm{cosc} + \mathrm{sine})$、

第一圖 關於五行者

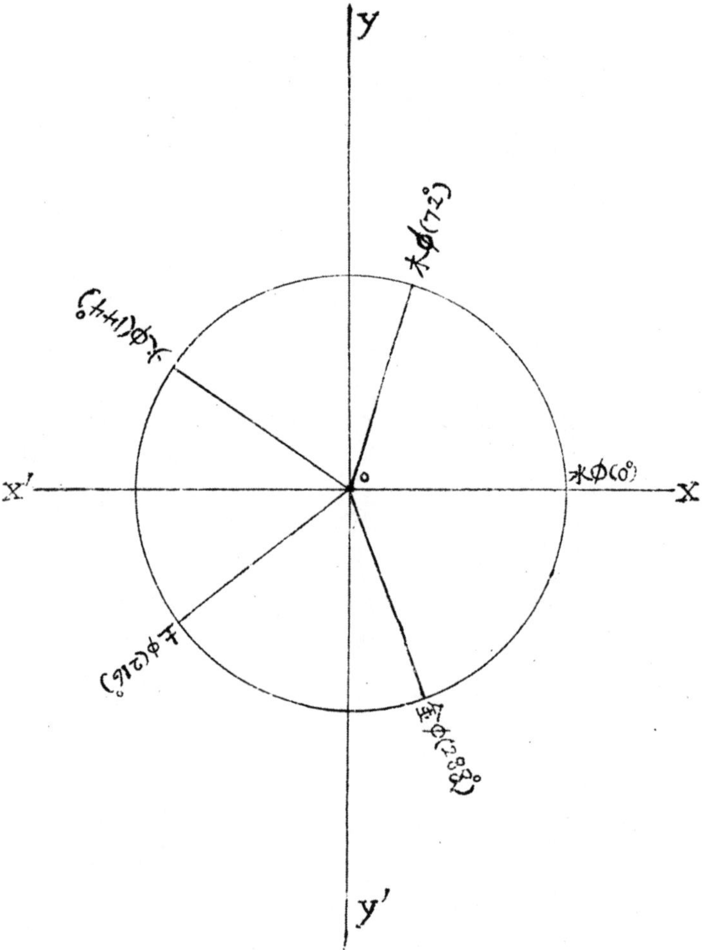

(圖註)始於木而繼以火土金水者、取其順次相生、而便於與第二圖配合故也、

(一)五行相比　五行相比、則其雜數之商爲一、

例　金與金比、則 $\frac{\phi(288^\circ)}{\phi(288^\circ)}=1$

(二)五行相生、　五行相生、則其雜數之商爲 $\phi(\pm72^\circ)$、而其商爲 $\phi(+72^\circ)$ 者、謂之我生彼、其商爲 $\phi(-72^\circ)$ 者、謂之彼生我、(以除數爲我、被除數爲彼、下倣此、)

例一　火生土、則 $\frac{\phi(216^\circ)}{\phi(144^\circ)}=\phi(72^\circ)$、

例二　木被水生、則 $\frac{\phi(0^\circ)}{\phi(72^\circ)}=\phi(-72^\circ)$、

(三)五行相尅　五行相尅、則其雜數之商爲 $\phi(\pm144^\circ)$、而其商爲 $\phi(+144^\circ)$ 者、謂之我尅彼、其商爲 $\phi(-144^\circ)$ 者、謂之彼尅我、

例一　木尅土、則 $\frac{\phi(216^\circ)}{\phi(72^\circ)}=\phi(144^\circ)$、

例二　金被火尅、則 $\frac{\phi(144^\circ)}{\phi(288^\circ)}=\phi(-144^\circ)$

第二圖關於天干者

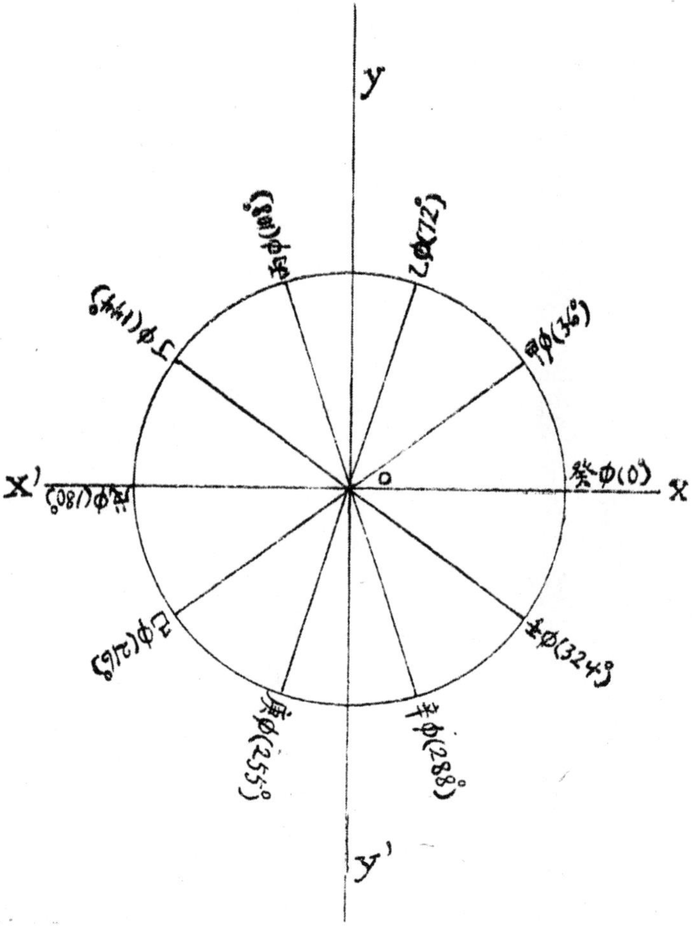

（圖註）不以戊己置之中央者、爲數學上之便利故也、

（四）五合五行　兩干相合、則其雜數之和爲零、而其所化出五行之雜數、爲任一干雜數之平方之所尅者、（設任一干之雜數爲 $\phi(x)$、則所化出五行之雜數爲 $\phi^{2}(x)\,\phi(144^\circ)=(\phi(2x+144^\circ))$、（×用六十分法下倣此）

例　丙與辛合化水、則丙辛之兩雜和、爲 $\phi(108^\circ)+\phi(288^\circ)=○$、而其所化出五行之雜數以丙求之、爲 $\phi(2\times108^\circ+144^\circ)=\phi(0^\circ)$、卽水之雜數以辛求之、爲 $\phi(2\times288^\circ+144^\circ)=\phi(0^\circ)$、亦卽水之雜數、

（五）十干配五行　設某干之雜數爲 $\phi(x)$、配之五行、爲 $\phi[x+\{1-(-1)^{\frac{x}{36^\circ}}\}\times18^\circ]$

例　以戊配五行、爲 $\phi[180^\circ+\{1-(-1)^{\frac{180^\circ}{36^\circ}}\}\times18^\circ]=\phi(216^\circ)$、卽土之雜數、

（附記）用此條與第一二三條、可推十干生尅、茲國畧之、

第三圖關於地支者

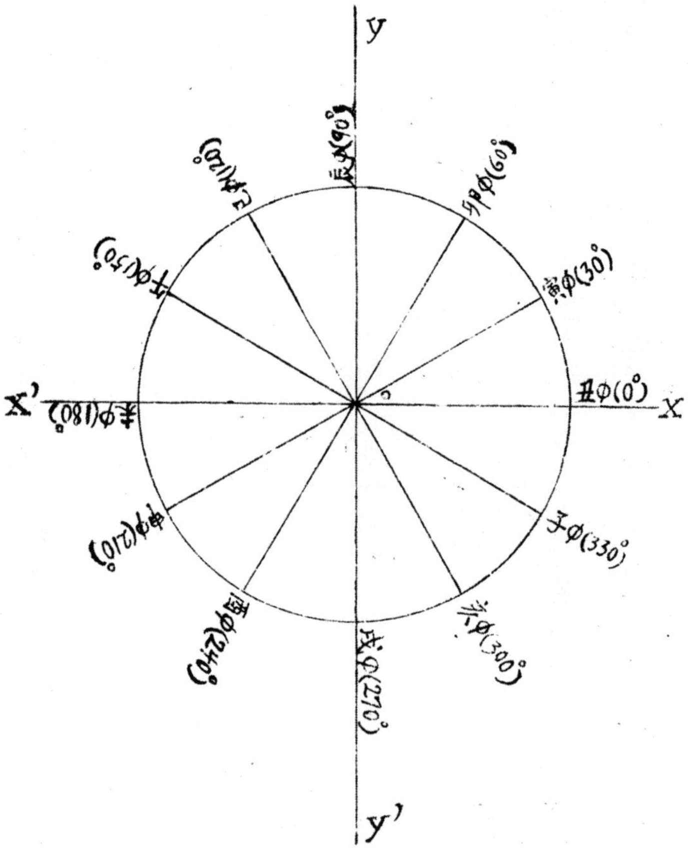
y
辰φ(90°)
巳φ(120°)
卯φ(60°)
午φ(150°)
寅φ(30°)
X'
未φ(180°)
丑φ(0°)
X
申φ(210°)
子φ(330°)
酉φ(240°)
亥φ(300°)
戌φ(270°)
y'

(圖註)四軸之上置之四墓蓋土乃五行中之最奇特者、如此排列、且符天開於子、地闢於丑、人生於寅之意、

(六)六衝　兩支相衝、則其雜數之和爲零、

例　卯酉相衝、則 $\phi(60°)+\phi(240°)=○$

(七)六合

一、令經緯軸轉 過(-15°)、則相合兩支之雜數成共軛、

二、兩支相合、則其雜數之積爲 $\phi(-30°)$、

例一　巳與申合、經緯軸轉過(-15°)後巳之雜數由 $\phi(120°)$ 變爲 $\phi(135°)$、申之雜數由 $\phi(210°)$ 變爲 $\phi(225°)$ 其和爲 $\phi(135°)+\phi(225°)=-2\cos45°=$-實數

例二　卯戌相合則 $\phi(60°)\phi(270°)=\phi(-30°)$

(八)六害

一、令經緯軸轉過75°、則相害兩支之雜數成共軛、

二、兩支相害、則其雜數之積爲 $\phi(150°)$

例一　子未相害、經緯軸轉過75°後、子之雜數、由$\phi(330^\circ)$變為$\phi(225^\circ)$、未之雜數、由$\phi(180^\circ)$變為$\phi(105^\circ)$、其和為$\phi(225^\circ)+\phi(105^\circ)=-2\cos75^\circ=$一、實數

例二　寅巳相害、則$\phi(30^\circ)\phi(120^\circ)=\phi(150^\circ)$、

(九)三合五行　三地支合局、則其雜數之和為零、而其所合成五行之雜數、為$\phi\left[\left(7-\frac{x+y+z}{90^\circ}\right)\times72^\circ\right]$ × Y及Z為相合三地支各雜數之幅、惟以小於一周天之正角為限、)

例　亥卯未三合木局、則其雜數之和、為$\phi(60^\circ)+\phi(180^\circ)+\phi(300^\circ)=○$、而其合成五行之雜數、為$\phi\left[(7)-\left(\frac{60^\circ+180^\circ+300^\circ}{90^\circ}\right)\times72^\circ\right]=\phi(72^\circ)$、卽木之雜數、

第四圖關於甲子者

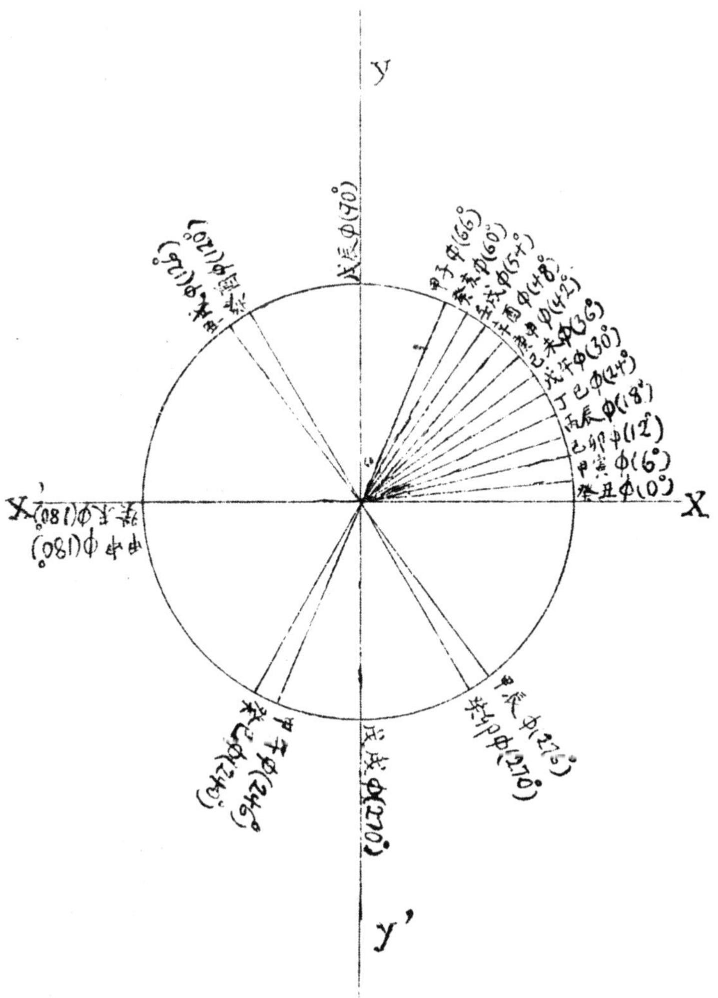

(圖註)不始於甲子、而始於甲寅者、爲謀與第一第三兩圖配合上之便利故也、

(十)干支雜數與甲子雜數之關係、

一、任何甲子之干之雜數、等於該甲子雜數之六次方、其支則等於其五次方、(設某甲子之雜數爲$\varnothing(x)$、則其干之雜數爲$\varnothing^6(1)=\varnothing(6x)$、支之雜數爲$\varnothing^5(x)=\varnothing(5x)$)、

二、任何甲子之雜數、等於其地支雜數、除天干雜數之商、(設某甲子之雜數爲$\varnothing(2)$、干之雜數爲$\varnothing(x)$、支之雜數爲$\varnothing(y)$則得$\varnothing(2)=\frac{\varnothing(x)}{\varnothing(y)}=\varnothing(x-y)$、此公式天干在上、地支在下、與書甲子之法適同、故頗易記憶)

例一　辛丑之雜數爲$\varnothing(288°)$、故辛之雜數爲$\varnothing(6\times288°)=\varnothing(288°)$、丑之雜數爲$\varnothing(5\times288°)=\varnothing(0°)$

例二　丙之雜數爲$\varnothing(108°)$、午之雜數爲$\varnothing(150)$、故丙午之雜數爲$\varnothing(108°-150°)=\varnothing(318°)$

茲更就上之 $\phi(z)=\frac{\phi(x)}{\phi(y)}=\phi(x-y)$ 公式而討論之、設有人焉、別作干支之一種、干五支十二、則其最小公倍數亦爲六十、以之紀年月日時、亦無所不便、然上之公式、已不復適用矣、然則如何方能適於上之公式乎、曰須具次之條件、

$$\frac{2\pi}{x}-\frac{2\pi}{y}=\frac{2\pi}{L} \text{或} \frac{1}{x}-\frac{1}{y}=\frac{1}{L} \quad \therefore L(y-x)=xy$$

（x＝所定天干數，y＝所定地支數，L＝x與y之最小公倍數）

以言語表示之、卽干支數之最小公倍數、與支數減干數之差之積、適等於干數與支數之積者、方能適用上之公式、易言之、如欲適用上之公式、則必支數減干數之差、適爲干支數之最大公約數者方可、今十干十二支之規定、具此條件矣、抑尤有進者、兩數之最小公倍數爲六十者、計二十三組、卽 (1,60) (2,60) (3,60) (4,60) (5,60) (6,60) (10,60) (12,60) (15,60) (20,60) (30,60) (60,60) (4,30) (12,30) (20,30) (3,20) (6,20) (12,20) (15,20) (4,15) (12,15) (5,12) (10,12) 是也。其中惟 (10,12) (12,15) (15,20) (20,30) (30,60) 五組、具上之條件、而尤以 (10,12) 一

組爲最小、今取之爲干支之數、似非偶然之事、此不過以數學方法、畧加討論、已覺奇妙、至於先賢作十干十二支之眞義、則非末學所敢窺測矣、

珊按、一二三四五數也。幹枝五行。亦數也。皆發源於河圖洛書。宋儒王伯厚三字經云。曰水火木金土。此五行本乎數。要言不煩。中有至理。及讀書經、管子、春秋繁露、白虎通、漢書五行志、淮南子、本經訓等書。有言數者。有言象者。要其大體、仍本乎數。江愼修河洛精蘊、言之綦詳。幷引用啟蒙附論、勾三其積九。股四其積十六。弦五其積二十五。合之五十。是大衍之數。函勾、股、弦、三面積云云。故論五行八卦。多以勾股法證明之。惜珊賦性椎魯。未能領會。是以拙著東塗西抹。依樣葫蘆。新義卒鮮。殊爲慙恧。 金雯琦聖瑞先生、讀書敦品。設教東吳。其於數學。尤有心得。辱承謬採虛聲。函示幹枝五行之數學研究一篇。其論生尅合衝。純粹以算術推演說明公式。自然不假造作。絲絲入扣。左右逢源。此誠有功命學之大著。茲特敬錄原文。附載拙著之中。以公同好。倘蒙海內高

明。不吝珠玉。多方賜教。爲命學開一新紀元。不獨金君之道不孤。而珊亦獲益匪淺。其欣幸爲何如哉。（此按曾載增訂命理探原中）

星學直同於科學

聶雲臺耕心齋隨筆云。日昨與譚組盦先生、談及業命之理。先生以爲星命之理。殊爲難解。謂爲渺茫、而有奇中。予問曰。聞文勤公有一命批悉驗。有之乎。先生曰。然。先文勤公、生甫三歲。先王父方授蒙館於外。歲俸所入。纔十餘千耳。適有友善星命。卽倩其爲文勤公批一命。此紙今尚保存。距批時已百年矣。其言某年進學、中舉、中進士。皆驗。惟點翰林、則批爲得知縣。此其差誤。然同爲七品也。厥後某年當在浙。某年當在陝。亦奇驗。又言六十八歲當歸田。則又驗。言七十二歲當壽終。並批云。若有陰德。當延壽一紀。厥後七十二歲。果大病。幾不起。旋愈。果以八十四歲終。又奇驗。以是知因果書所載陰德延壽一紀之說。信有之。昔年聞陳散原先生言、夢其尊人右銘中丞告之云。馮煦當延壽一紀。時夢老七十三歲、正大病。果愈。

距去歲歿時、恰十二年也云云予謂星命與代數同一理彼以干支等字代數字此以干支代人事數字十而已而自相乘除至於無量無邊之變數人事原本繁複又復自相乘除亦成爲無量無邊之變相亦不外消極生滅而見爲禍福吉凶星家以干支各字分代妻財子官又各代五行之一事以五行五爲生尅之理得榮辱盛衰死生禍福之數乃至地方分野亦在干支分配之中循是以求居然合節然究以一字兼代數事非若代數一字代一數之明白確定且人事生尅消極繁複變幻、又遠甚於算術故時不免於差誤然在頭腦冷靜之星學家竟能推算十得八九蓋星學直同於科學凡按其方法以布算者其所得程式皆同予有親友數人皆精此道言多奇中皆自閱書而通其法未嘗從師也能循定法以得其數非科學乎予嘗撰業命說言命定之有據而心力改造命運之亦有據及袁了凡立命說之確切精當如組盦先生所言陰德延壽一紀二事皆預言而悉驗者知古人筆記所言類此之事非誣益以證了凡改造命運之可信矣。以是推之。則四品變爲一品。知縣變爲翰林。安知非陰德改造命運乎。予初不信星命之說。凡常人致疑於星命者。予悉同之。後證以昔年。先君八字之奇驗。及奎樂峯制軍八字之奇驗。及其他種種徵驗。始知其眞確有據。近研佛學。而知業命之由於自造。則唯向本源處努力。可矣。知命運之可以改造。則存心制行。益不敢苟且矣。

珊按。曩閱如臯冒氏族譜。附載其某世祖八字命章。乃明劉伯溫先生基原評。所批事實奇驗異常。至文章淵雅。更不待言。惜余匆匆讀過。未及錄存。聶雲臺先生此篇。謂譚文勤公命章。距批時已有百年。今尚保存。證以冒氏族譜。附載靑田命章之事。誠如出一轍也。

堪輿之理實與科學相通

近人寄弈顚生雞肋偶談云。中國言地學。尙矣。然近所謂風俗地理。文明地理。形勝地理。要皆由堪輿地理演繹而出也。中國大都會。大商埠。皆不出堪輿範圍。讀撼疑二龍經。可知。新學之士。以迷信禍福揞之。謂爲無科學研究之價值。殊屬可哂。余蠱餘之暇。閒究山川形變陰陽氣化。兼取化學、電學、光學、暨天算、地文、地質、諸書讀之。乃知堪輿之理。莫不與科學相通也。（西人造宅、講求貯納空氣。頗得堪輿神髓。觀其在中國租界、及各州縣教堂。無一不佔堪輿之要點。）

又云。堪輿家所最重者爲神火精質。言之、卽先天水火二氣。換言之、卽電氣。蓋人類骨殖如珊瑚。爲微蟲所結。其人雖死。骨蟲之生氣依然存在。葬經云。凝結者成骨。死而獨留。此言殊有至理。故葬法藉陰陽之氣以代血肉。（配置五行、與配置化學七十三原質。其義相同。獨惜吾國五行。未分晰其名耳。）俾骨殖吸收此二氣。得以煦燠榮養。猶之農學以電催苗也。至山川融結。萬象森羅。美惡妍媸。隨類各應。猶之光學以鏡攝影也。而況葬法以天地爲鑪。陰陽爲炭。實一最大、最要、最靈活之機器。安得謂爲無科學研究之價値哉。

又云。堪輿家氣感而應。鬼福及人之說。人每疑之。殊不知醫書載明人身有腎臟。爲父母原精之所著。於人身與父母之氣感最爲親切。所以父母葬地之吉凶。與人子息息相通。有密切之關係。郭璞有云。銅山西崩。靈鐘東應。此誠善喻者也。若證以近日無線電。其理益明。不甯惟是。即證以區區物理。如鷰以思感。鶴以風感。螟蛉以聲感。其理已不可思議。而況祖孫父子。一脉相傳之血統。其吉凶禍福。有不氣感而應者乎。

珊按、泰興張君觀靑振宇於地學研究有得。余素所欽佩。日昨偶相過從。知余是編行將脫稿。特以鈔本雞肋偶談見示。余愛其說理新穎。爰節錄三則。以公同好。

述卜筮星相學卷三終

受業丹徒張頤壽延
江都田德明硯仙同校

述卜筮星相學卷四　　潤德堂叢書之五

鎭江袁樹珊纂述

卜筮星相學具有天人相感之理預測吉凶

三才一氣

六經天文編引黃氏曰。太極未判。天地人三才函於其中。謂之渾沌。渾沌云者。言天地人渾然而未分也。太極既判。輕清者爲天。重濁者爲地。清濁渾者爲人。輕清者氣也。重濁者形也。形氣合者人也。故凡氣之發見於天者。皆太極中自然之理。運而爲日月。分而爲五星。列爲廿八舍。會而爲斗極。莫不皆有常理。與人道相應。可以理而知矣。

珊按。此言天地之氣。與人道相應。藉卜筮星相之學理。以鑒別之。不更彰明較著乎。

人身之陰陽五行

宋錢唐王逵蠡海集云。陽之數。一三五七九。陰之數。二四六八十。蓋陽之

數有首而無尾陰之數有尾而無首是以陽會於首而不至於足陰會於足而不至於首也

人之水溝穴在鼻下口上一名人中蓋居人身天地之中也天氣通於鼻地氣通於口天食人以五氣鼻受之地食人以五味口受之穴居其中故名曰人中或曰人有九竅自人中以上者皆兩自人中以下者皆一若天地交泰之義者則鑿矣

凡人之身人中自尾閭爲督脈屬陽齦交至會陰爲任脈屬陰兩臂表爲陽裏爲陰在身之上應天傾西北故臂斂歸內兩股外後爲陽內前爲陰在身之下應地不滿東南故膝屈向後身之上象西北法天爲陰不足也身之下象東南法地爲陽不足也

七政麗乎天七竅在乎首七政之見在於極之南七竅之用在於面之前黃道經南天以行七政傾於前也故人之鞠躬亦向前

耳目爲陽也故便左手足爲陰也故便右亦天地之義爾

男得陽氣根於子、女得陰氣根於午。男子之生也抱母、向於子。女子之生也負母、向於午也。或曰男生必伏、女生必偃。謂男陽氣在背、女陽氣在腹。予以爲非陽氣也。乃生氣也。男氣盛於陽。女氣盛於陰。背爲陽。腹爲陰。觀溺水而死者可知矣。男伏而女偃。

禽獸之音偏於一。故無智。雖有智亦偏一。巧舌縱多轉聲。亦不具五音也。

人之音外紀五行。內應五藏。各無欠缺。故人爲萬物之靈也。

人得五行之全。故衆體具。衆體具則無物不啖。庶物得五行之偏。故無純體。無純體則芻者不豢。豢者不芻。食粒者不嗜肉。嗜肉者不食粒。

人之身體隨二氣以相感。冬之日坎用事。陽在內。喜嗜熱物。滋其陽也。夏之日離用事。陰在內。喜嗜冷物。益其陰也。各從其類耳。

人之身法乎天地。最爲清切。且如天地以巳午申酉居前在上、故人之心肺處於前上。亥子寅卯居後在下。故人之腎肝處於後下也。其他四肢百骸莫不法乎天地。是以爲萬物之靈。

珊按、以上十則具言人之一身莫不與天地陰陽、五行相合可見卜筮星相之學說與人有密切關係晉書藝術傳序、謂爲先王以是決猶豫定吉凶審存亡省禍福幽贊冥符弼成人事既興利而除害亦威衆而立權非過譽也

五行大數

六經天文編引王氏曰自天一至於天五五行之生數也以奇生者成而耦以耦生者成而奇其成之者皆五五者天數之中也蓋中者所以成物也道立於兩成於三變於五而天地之數具其爲十也耦之而已蓋五行之爲物其時、其位、其材、其氣、其性、其形、其事、其情、其色、其聲、其臭、其味、皆各有耦推而散之無所不通一柔一剛一晦一明故有正有邪有美有惡有醜有好有凶有吉性命之理道德之意皆在是矣

珊按、鶡冠子云聖人按數書經云天之歷數在汝躬易云天數地數大衍之數鬼谷子云百度一數沈約云理生於數素書云通乎成敗之數

蜀志郤正傳云。進退任數。舊唐書韋嗣立傳云。陰陽運數。非人智力所能及。宋儒王伯厚三字經云。曰水火木金土。此五行。本乎數。四庫全書提要、謂卜筮星相學專書。論陰陽五行。列爲術數。由是觀之。數之義、大矣哉。而況人有命數。事有定數。倚伏存亡。浮沉升降。莫不有數。故智者占數知數。咸謂數不可逃。甚至學數治數。間有特殊變數者。非適然之數。卽是異數。若欲違天之數。而不言數。及至智窮力索。蹈覆逆之數。雖欲習數究數。亦不可得。王氏此篇論數。簡明精闢。謂爲推而散之。無所不通。性命之理。道德之意。皆在是矣。此誠錯綜其數。窮微盡數之言。留心數理者。首當知此。

消息盈虛必須明常變之理

六經天文篇引王氏曰。凡物理有常。必有變。雖天地之運動往來。消息盈虛。可以逆其必然者。常也。若其變則無所不至。可知而不可必也。

珊按、春溫、夏熱、秋涼、冬寒。此其常也。若春寒、夏涼、秋熱、冬溫、則爲變矣父慈、子孝、兄友、弟恭、夫和、婦順、此其常也若慈而不孝孝而不慈友而不恭恭而不友和而不順順而不和則變矣要其常理自不可廢蓋變止一時常可萬世能明乎此可與言卜筮星相學矣

周易

史記日者傳云今夫卜者必法天地象四時順於仁義分策定卦旋式正棊然後言天地之利害事之成敗昔先王之定國家必先龜策日月而後乃敢代正時日、乃後入家產子必先占吉凶後乃有之自伏羲作八卦周文王演三百八十四爻而天下治越王勾踐倣文王八卦以破敵國霸天下由是言之卜筮有何負哉

太乙

四庫簡明目錄云太乙金鏡經十卷唐開元中王希明奉勅撰其中惟太乙積年至宋景祐元年則後人所附益也補史記日者傳載占法七家太乙居其一其說以一爲太極太極生二目二目生四輔四輔生八將錯綜

以推吉凶古書今已不傳希明參校衆法尚能括其綱領

遁甲

簡明目錄云遁甲演義二卷明程道生撰言遁甲者祖洛書其實乃乾鑿度太乙九宮法也於諸術數中最有理致是編亦頗得其精要

六壬

四庫全書提要云六壬與遁甲太乙世謂之三式而六壬其傳尤古大抵數根於五行而五行始於水舉陰以起陽故稱壬舉成以該生故曰六其法有天地盤與神將相臨雖漸近奇遁九宮之式然大旨原本義爻蓋亦易象之支流推而衍之者矣

碁卜

劉敬叔異苑云十二碁卜出自張文成受法於黃石公行師用兵萬不失一逮至東方朔密以占衆事自此以後秘而不傳晉甯康初襄城寺法味道人忽見一老公著黃皮衣竹筒盛此書以授法味無何失所在遂流於

世云

簡明目錄云靈棋經二卷舊本題東方朔撰或題淮南王劉安撰皆依託也然考以南史所引此書實出於六朝故隋志已著錄其法以棋十二枚以所擲面背相乘得一百二十四卦卦各有繇詞其文雅奧非後世術家所能僞劉基之注似亦非依託

珊按事物原始云張良始造棋卜異苑云十二棋卜出自張文成受法於黃石公此說不謀而合信而有徵雖簡明目錄云靈棋經一書非東方朔撰而劉基之注謂爲似非依託可見棋卜實爲古占法之一種也

字卜

白嶽程芝雲云字孳也胡爲乎測測胡爲乎驗無他占卜寓也測字亦寓也凡人之視聽智慮無不可寓者驗則人心之靈爲之也推之錢可擲蓍可卜鏡可聽筮可投而謂天驚鬼哭之書契晰勾摘畫觸類而變通之有不能斷天下之疑者哉然有說焉口承天爲吳山上山爲出卯金刀爲劉

按之六書皆非正義而天倪妙合省文旁借理可前知此字之莫神乎測也

繆山方文云六書之學莫妙於會意會意之妙在合衆體以成文如止戈爲武力田爲男背私爲公一勺爲与十口爲古大可爲奇之類此二體合也盥字从水从皿指事从臼而取之會意廛字从广从里指事从土而分之會意亟字从二象天地形从人从口从又謂人在天地間口謀之手爲之時不可失會意爨字从同象甑形从冖象突形一人兩手安甑於其上而又一人兩手折薪投之火中會意則合三體以至六體其字甚多不可勝數夫小篆變自李斯說文昉於許慎當時遂有此說已開後人離合相字之門矣故蔡邕之黃絹幼婦孔融之漁父屈節魏武之人一口梁武之与上人王濬之三刀丁固之十八公皆從此出至謝石胡宏之徒直以此技爲占卜則變化其意而用之者焉（鄃同都切音徒會稽山一曰九江當鄃通作塗）

選吉

協紀辨方書序云粵昔帝堯命羲和敬授人時厥民知析因夷燠之節後聖有作推而彌廣至於外事用剛日內事用柔日此皆載之經典百王不易者也

又云舉事無細大必擇其日辰天地神祇之所向則順之所忌則避之旣奉若於宮廷以彰昭事之忱又申布於閭左以協休嘉之氣凡以敬天云爾如曰若是則福不若是則禍則術士之曲說而非其本原也王充論衡闢之不遺餘力則又儒士拘迂而未見大義善夫荀悅申鑒曰或問時羣忌曰此天地之數也非吉凶所從生也夫知其爲天地之數則固修身者所當順也知其非吉凶所從生則一切拘牽謬悠之說具廢而所爲順之避之者亦必有道矣

星命

朱文公贈徐端叔命序云世以人生年月日時所值枝幹納音推知其人吉凶壽夭窮達者其術雖若淺近然學之者亦往往不能造其精微蓋天

地所以生物之機不越乎陰陽五行而已其屈伸消息錯綜變化固已不可勝窮而物之所賦賢愚貴賤之不同特昏明厚薄毫釐之差耳而可易知其說哉

新安陳耕山云祿命之義重在歲月日時之幹枝由其幹枝原發於天者也雖策人所生八字實乃理天日之氣人所生之時日得天地冲和清秀生旺之氣其人自然爲聰明富貴溫厚之人若所生之時日得天地惡厲不正衰敗之氣其人自然爲貧賤愚夭強暴之人矣然天地之氣混混沌沌何由得而理也以天道有運旋日月有升降古之聖人察天體之運旋而知世道之盛衰審日月之升降而知萬物之生死因運旋升降之機然後定有歲月日時之名以準天氣者也夫歲太陽一升一降也月太陰與太陽一會也日太陽圜地一周也時太陽所停之方位然天運循環盛衰有序古之聖人又承運氣之消長而定爲六十花甲以合天之氣焉故六十花甲即天之運氣也歲有歲之花甲月有月之花甲日有日之花甲時

有時之花甲。花甲雖有大小之別。而循環之氣理則一焉。

圖書集成載劉虞臣贈徐仲遠序云。天以陰陽五行生爲人也陰陽五行之精是爲日月木火土金水之曜。七曜運乎上而萬形成於下。人也者、天地之分體。而日月木火土金水之分氣也。理生氣。氣生數。由數以知氣。由氣以知理。今之言命者所由起也。夫氣、母也。人、子也。母子相感。顯微相應。天之理也。則亦何可廢哉。日至而麋鹿解。月死而蠃蛖膲。溫風動而薺麥死。淸霜降而豐鐘鳴。物理相通。不可誣也。

圖書集成總論星命云。星命之說。漢有太乙星子等書。推數行以論吉凶。見於藝文志。辰弗及於房。我辰安在。又載於詩書可考。是說其來遠矣。蓋天地以陰陽五行化生萬物。人稟天地之氣以生。而陰陽五行之理。卽具於所生之中。其氣有淸濁純駁之不齊。其理有生尅制化之不一。而富貴貧賤、壽夭賢愚。不外是矣。所謂命也。古今推命之書。如鬼谷遺文、要訣、命格、珞琭子、消息賦、太乙統紀、閻東叟書、林開五命、沈芝源髓、宰公要訣、蘭臺妙選、五行要論、八字金書、三車一覽、三命纂局、玉宵寶鑑、金書、命訣、守珠尺璧、天元變化、指掌提要、指南燭神經、神白經、太乙經、降誕寶經、紫虛局、廣信集、理愚歌、（缺三字）賦、及一行禪師、悟元子、壺中子、李虛中、李九萬、並徐子平、徐大升、今傳淵源、淵海等書、有專以納音論者、有專以納音取象論者、有專以五行論者、有專以祿馬論者、有專以神殺論者、有專以格局論者、有專以化氣論者、有專以財官印綬食傷羊刃論者、雖所見不同、其理則一、要在人博觀詳求、通會渾變、以徐子平之說爲主、而兼採諸家之長可也。

王充論衡骨相篇云。貴賤貧富命也。操行淸濁性也。非徒命有骨法。性亦有骨法。惟知命有明相。莫知性有骨法。則見命之表證。不見性之符驗也。蔣國祥序三命通會云。古來之爲子臣弟友者。往往有事君而天澤之義不講。事親而明發之懷不生。以及昆弟朋友之間。彼責此尤。爾虞我詐。求如棠棣之章伐木之什者甚難。亦獨何歟。今而知總由於不知命之故。蓋天之隨人賦予原自有限量而不容非分要求滿腔怨懟者今觀是書所載悉以日時爲主附麗年月孰者富貴利達造其極孰者困窮死喪終其身千變萬態不爽秋毫援往徵來瞭如指掌其於陰陽遞嬗五行生尅之道言之詳而且密苟世之學士大夫深求而默體之雖不能直窮夫乾元無極之微而事之可欣可羨可驚可愕者一一存乎吾命之固然俱無庸絲毫趨避於其際吾知節性防淫懲忿窒慾之中自實踐夫日用綱常之道居易以俟順受其正以漸臻君子之域不難矣又何必以旨深義奧而諱言命哉

相人

王符潛夫論相列篇云詩所謂天生烝民有物有則是故人身體形貌皆有象類骨法角肉各有分部以著性命之期顯貴賤之表一人之身而五行八卦之氣具焉故師曠曰赤色不壽火家性易滅也易之說卦巽爲人多白眼相揚四白者兵死此猶金伐木也經曰近取諸身遠取諸物聖人

有見天下之至賾。而擬諸形容。象其物宜。此亦賢人之所察。紀往以知來。而著爲憲則也。人之相法。或在面部。或在手足。或在行步。或在聲響。面部欲溥平潤澤。手足欲深細明直。行步欲安穩覆載。音聲欲溫和中宮。頭面手足身形骨節。皆欲相副稱。此其略要也。

劉勰新論云。相者或見肌骨。或見聲色。賢愚貴賤。修短吉凶。皆有表診。故五岳崔嵬。有峻極之勢。四瀆皎潔。有川流之形。五色鬱然。有雲霞之觀。五聲鏗然。有鐘磬之音。善觀察者。猶風胡之別刃。孫楊之相馬。覽其機妙。不亦難乎。

劉伯溫空同子云。北之土厚。故其人信。南之水廣。故其人智。土厚、故其鼻隆。水廣、故其口闊。鼻隆、故北人不相鼻。口闊、故南人不相口。信而偏、故其性戇。智而流、故其性節。

相宅相墓

黃帝宅經云。夫宅者。乃是陰陽之樞紐。人倫之軌模。非夫博物明賢。而能悟斯道也就此五種其最要者唯有宅法而眞秘術凡人所居無不在宅雖只大小不等陰陽有殊縱然客居一室之中亦有善惡大者大說小者小論犯者有災鎮而禍止猶藥病之效也故宅者人之本人以宅爲家居若安即家代昌吉若不安即門族衰微墳墓川岡並同茲說上之軍國次及州郡縣邑下之村坊署柵乃至山居但人所處皆其例焉目見耳聞古制非一

郭璞葬經云葬者乘生氣也夫陰陽之氣噫而爲風升而爲雲降而爲雨行乎地中而爲生氣生氣行乎地中發而生乎萬物人受體於父母本骸得氣遺體受蔭蓋生者氣之聚凝結者成骨死而獨留故葬者反氣內骨以蔭所生之道也經云氣感而應鬼福及人是銅山西崩靈鐘東應木華於春栗芽於室氣行乎地中其行也因地之勢其聚也因勢之止丘壟之骨岡阜之支氣之所隨經曰氣乘風則散界水則止古人聚之使不散行之使有止故謂之風水風水之法得水爲上藏風次之何以言之氣之盛

雖流行而其餘者猶有止雖零散而其深者猶有聚經曰外氣橫形內氣止生蓋言此也

抱朴子云有急則入生地而止無患也天下有生地一州有生地一郡有生地一縣有生地一鄉有生地一里有生地一宅有生地一房有生地或曰一房有生地不亦逼乎抱朴子曰經云大急之極隱於車軾如此一車之中亦有生地亦有死地況一房乎

東西各國之卜筮星相學皆效法我國

東西各國卜筮星相學皆發源於河洛

風萍生曰卜易星相之術流傳甚久東西所同也綜而分之可得二種一則從演繹的法則卜人生之運命二則從歸納的法則判人心之性質易術及阿施託羅吉(希臘古代之占星學)屬第一項阿斯託羅吉行於希臘古代配人事以星辰預言人生禍福易術發源河圖洛書演成八卦以通造化玄秘而卜知天命者也第二項曰富雷諾吉(骨相學)及東洋相

術。富雷若吉、殆與相術宗旨相同。蓋一則藉人類頭骨形狀。判斷其稟性。一則相人類面貌骨格、或手掌等。從其特徵。以判斷人生禍福者也。二宗之外。若東洋之推算幹枝九星。西洋之占術。派均發源於河圖洛書。不遑枚舉。

珊按、此篇謂西洋從演繹的法則卜人生之運命。從歸納的法則判人心之性質。以及東洋推算干枝、九星。西洋之占術。莫不發源於河圖洛書。演成八卦。由是觀之。謂爲東西各國卜筮星相學。皆效法我國。實非附會揚已之言。蓋河洛八卦。乃我國伏羲創作。非東西各國發明。南海康氏日本書目志有云。日本方技。皆吾所傳。此不過僅就日本書目志言。假使康氏著有西洋書目。吾不知對於西洋方技書籍。作何評語也。

手相學預測病源可補醫士之不逮

風萍生曰。近世科學。昌明。手相一科。人或以迷信妄言排斥之。第在手相學者方面則固有其一定之論據一定之證明一定之基礎而非物質學者之所能攻破其樊籬者也夫科學必有其專門其分業以包羅萬象各從其研究事項以傾注其畢生精力乃能完成人世生活以發達世界之文明在往昔時代一醫而兼內外科、藥劑師毫無限制今則不然外內分治藥劑調治又須藥劑師不容兼業各有專門語外科以治傷寒延內科而醫花柳倩牙醫以療痔疾彼惟謝不敏耳分業之結果其思想範圍狹隘而深長舍專門以外每缺世界常識即如催眠一科根據於心理生理、哲學諸科在今日世界斯學應用範圍之廣大超越於各學科之上實為近代文明之產物在專門以外之人士莫測其底蘊也宜矣設有外科博士見人之論催眠術者詫為神奇不可思議遽以一已之智識而下判斷甚且指為妄誕或以不可解謝焉斯固當然之事而論催眠術者聽此評斷去而之他揚言曰孰謂某博士能醫者彼且並催眠術之初步不能理解斯庸醫也孰謂某博士能醫者試思醫者之不解催眠術未習之故也因未習之故而不解之亦因其所況手相術之神秘同於催眠以不可見之法則之理論判論人生禍福性質生活其神秘靈驗不可思議實非理化學者所能知也因不知之故而斥爲無稽此豈平允之論乎在三十年前理化學者絕不信催眠術且斥爲妄言今則如何世之具有智識者有敢斥催眠術爲無稽者乎手相學亦然前此醫學者均以嘲笑之態度迎之今則反此各種病源每因手相學而發見之若手爪形狀之研究英法大醫羣叩手相學者之門而受其教益焉

珊按僅以手爪形狀即知各種病源致令英法大醫羣來受教手相學之有價値於此可見一斑所不解者我國之相人書論頭面論五官論腹背論四肢論聲音論氣色論骨肉毛髮論行止坐臥絲絲入扣頭頭是道古人謂爲預知富貴貧賤壽夭窮通百不失一者今人反視爲迷信敝屣棄之惑己甚己幸我國醫士大半識相蓋望而知之謂之神爲醫家四診之首此種學術因是或不致完全消滅耳

手相學一書英德法日諸國俱有名著

風萍生曰。手相學發源於印度阿利安文明之初期。已成專門之學。以之研究手紋。判定人生禍福。而不背於科學原理。徵之史藉。阿利安文明。實爲歐西文化之原。衍而爲西臘文明。羅馬文明。故當時之古碑遺刻。斷簡殘編。吉光片羽。存在人間者。好古之士。每珍之如拱璧焉。

又曰。紀元前四百二十三年。大哲阿拿古薩哥喇斯氏。爲手相教授以來。大哲西施巴拿斯氏、發見金字手相學書。於神使祭壇。進呈歷山大帝。蒙其褒加。世人於以珍重焉。此外亞里氏、多得氏、布利尼氏、卡爾大密斯氏、阿卡斯大施大帝。一時之碩學名流。帝王君相。均加以擁護宣傳。故能風行一世。研究愈精焉。近世各國學者所著之手相書如下。

英文書

Anonymons - The Hand: Phrenologically considered, being a glimpse at the reletion of the mind with the organization of the body. (London 1848)

Beamish -- The Psyconomy of the Hand, or the Hand an index of the mental development. (London 1865)

Warren -- The Life Size, Outline of the Hands of Twentytwo Celebrated persons. (London 1882)

Chneiro -- Cheiro Language of the Hand. (New York 1900)

Heron Allen -- Practical Cheirosophy. (New York 1887)

德文書

Landsberg -- Die Handteller (Posen 1861)

Jessmann -- Katechismus der Handlesekunst. (Berlin 1889)

法文書

Advef Desbarolles -- Les Mysteres dela Main. (1865)

中日文書

摩井相法一册　沈白相法一册　南北相法十册　神相全書三册　卽座考二册　人生秘傳一册　終身錄一册　早引秘傳一册

珊按、吾讀此篇至一時碩學名流、帝生君相、均加以擁護宣傳、故能風行一世。研究愈精、數語不禁感慨係之。夫英文德文法文等論相書、吾不識。吾不能讀。吾尤不敢言。若中日文之書、除上篇所載者外、論卜筮者如「五行易活斷」「易道詳傳」「八品神機幽玄術」論星命者如「四柱推命大奧秘傳」「運命開拓秘傳」論相人者如「神相全篇正義」「南北相法」「人心觀破秘法」「六十四卦人相秘傳」「三世相大鑑」「人相學精義」論相宅者如「家相寶鑑」「家相新編」「家相方鑑全書」皆曾寓目。按其內容、莫不本諸我國舊有之學說、特彼國人士寶之重之耳。他不具論、茲就日本大敎正柄澤照覺著東京神誠館發行之大正十六年御壽寶歷書所載丁卯年年神方位一白在中二黑在乾三碧在兌四綠在艮五黃在離六白在坎七赤在坤八白在震九紫在巽太歲神卯方大將軍子方太陰神丑方歲刑神子方歲破神酉方黃幡神未方豹尾神丑方歲德合丁方歲干合壬方歲枝德申方種種名目以及逐月節氣逐日幹枝吉凶宜忌無一不效法我國歷書所異者中文間以日文陰歷改為陽歷也

東西各國相人學亦沿用五星陰陽名稱

手相學云金星丘木星丘土星丘太陽丘水星丘火星丘太陰丘（原註云本編譯從來習慣名稱而名曰金星丘火星丘者與星占術無涉觀者幸勿誤會）

珊按手相學一書乃東西各國專門之學不圖其所用名稱即吾國卜筮星相家老生常談之木火土金水及太陽太陰也吾國幼童嘗誦幼學須知無不知日月五星謂之七政天地與人謂之三才今之學者并此廢而不讀吾恐從來習慣之七政三才亦將莫名其妙邱菽園先生

序手相學書云。訑意吾之所棄。或爲隣之所珍、此誠慨乎、其言也。

骨相學遍傳英美德法奧日諸國

風萍生云骨相學、發源希臘、原語曰、精神論之意也不譯稱精神論而曰骨相學。以骨相學之名稱。似較精神論意義。尤爲醒豁。且係吾國舊有之名稱也。

骨相學傳衍千七百五十七年。日爾曼人、徐賽夫科爾博士獨承絕學。加以新發明後。更經學者推演。遂成完璧。方氏之學生時代。有同學某氏記憶獨優。而其前額則特爲隆起。及觀他友。均無此特徵。而記憶較劣。此偶然之事。乃觸起科爾博士研究之心。遂發明人類才智均關係於腦。及後歷驗多人。其前額隆起者。記憶力均皆優勝。推而及於其他才智性情。亦關係頭蓋各部。於是就鑒查所得。潛心凝思。滙爲統計。閱人既多。狀態各異。甲之隆起。乙之陷下。丙之大。丁之小。再察其性質才能。則甲乙丙丁四人各有短長。氏抱此確信。精心獨造、研究十二年。學乃大成。千七百九十六年開講堂於維也納以其所傳絕學授徒不倦居無何博士又赴巴黎、授徒如初以研究斯學終其身著述浩瀚一千八百二十八年逝世門弟子繼其遺志爲骨相學泰斗者如奧之斯貝哈姆博士科布氏、奧多來科布博士均是也而尤以斯貝哈姆博士有出藍之譽所著書均根據生理、解剖以爲證明且應用於精神學、修身學、竟前人未了之功開後世研究之緒功莫大焉科布氏去之英美著骨相學數卷公於當世茲學賴以普及昂多留科布博士應用骨相於醫治精神病及小兒教育使學理應用互爲考證、後來學者愈多侖古羅孫氏更闢蹊徑創犯罪骨相學一分科裨益科學界其功亦不小焉

日本十數年前有佐藤正道氏、由歐洲歸國輸入此學創設骨相學館於大阪從學者得數百人刊行骨相學講義全書傳世惜說明過於簡短讀者頗難窮其蘊奧斯爲日本骨相學之始近年高橋邦造氏、新自歐洲返國大開演說爲學者所歡迎第向之習得斯術者或秘傳不肯示人、或傳

爲而不詳。而斯學著述。世鮮流傳、

珊按、骨相發源希臘。遍傳英美德法奧日等國。手相編云有德文書此固諸大博士。繼長增高。努力精研之效果。未始非易術及阿施託羅吉、希臘、古代之占星學家。從事我國河圖洛書。演成八卦。有以致之。雖曰水寒於冰。青出於藍。要知冰由水結。青自藍來。吾推重英美德法奧日、諸大博士。吾尤推重希臘古代之占星學家。否則我伏羲大聖之河洛八卦、及歷代先哲純正之學術。不將一掃而空乎。至於幼慧者視頭額。犯罪者察眉目。以及精神何如。操行臧否。我國相書。莫不具載。亦未嘗不可爲精神學、修身學、犯罪骨相學之一助。獨惜無佐藤正道氏、及高橋邦造氏其人。遠涉重洋。求學歐洲。一旦歸國。廣設學館。大開演說。爲世人所歡迎耳。

歐洲相士某挾術遊新嘉坡

海澄邱菽園曰。歲丙辰、有歐洲人某。挾術來遊新加坡。寓大旅館。牓門自醫。一時鬨動仕女好奇之心。懷贄而來。滿意而去。顧其術甚簡單。僅限於其人局部之掌紋。談往知來。至今前後以觀之。頗多驗者。

珊按、好奇之心。人皆有之。而我國仕女為尤甚。觀於衣必洋裝。住必洋樓。食必西餐。病必西醫。從可知矣。歐洲人某挾術來遊新加坡。仕女懷贄就教。滿意歸來者。亦猶是耳，惜吾國人。不能盡通歐洲語言。以致歐洲相士。裹足不前。否則西相西卜、日相日卜。將滿布於中國。與西醫日醫。後先輝映。豈止一新加坡已哉。

西人也是以生日解決命運

覽滄齋餘雜志云。有人嘗說外國人的腦袋中。沒有甚麽叫做迷信。因為他們的國家科學發達。教育普及。人人都可受新學識的機會。所有的事物。都用科學方法去解剖。所謂迷信。都被科學去打破。其實他們迷信觀念也深。有時候比我們還勝過幾倍。覽滄從西文雜誌中看出西人也是相信命運。他們專以生日為主。不像中國人算命。以生時為主。於此可以證明西人對於迷信之一斑。茲走筆譯之如次。藉以供閱者之談助。

一號生人。其人夭壽。但善於結交朋友。經營商業。俗所謂生意買賣命。

二號生人。其人性情殷勤和緩。一生衣食不愁。俗所謂安樂命。

三號生人。其人耐勞善交朋友。在二十歲以前。事事受打擊。以後運途平坦。萬事成功。

四號生人。其人聰明有才心巧有謀。遇事處理有方。無須求人代庖。此外有探險性。

五號生人。其人命主勞碌。無論甚麼事。須經過多次磨折。後始告成功。平生失意事狠多。在二十五歲以後。方可定婚。不然。則尅妻。

六號生人。其人一生得貴人扶持。

七號生人。其人無忍耐性。浪用錢財。不能守業。遇事須求人援助。

八號生人。其人財運甚佳。能得他人遺產。

九號生人。性情溫和。一生為人敬仰。善於處理他人事務。

十號生人。其人在三十歲以前。事事受磨折。以後則平風靜浪。作事無不成功。
十一號生人。其人善於交友。中年能造業。所成功之事。均非意想所到。
十二號生人。其人平生屢遭艱險。惟達到三十歲以後。始能保持家業。
十三號生人。其人一生爲人所敬仰。能克勤克險。造成家業。
十四號生人。其人得交益友。平素爲人稱道。宜於在外鄉經商。
十五號生人。其人生平好訟。所有財產。亦盡用於訴訟。
十六號生人。其人思想靈敏。善於金石書畫詩歌。尤善於社交。平生最快樂。
十七號生人。其人平生多障礙。能得他人遺產。
十八號生人。其人善於社交。惟女性最多。在外鄉能得意外財。
十九號生人。其人善經營。於女流中。
二十號生人。其人於少時。作事宗旨不定。

二十一號生人。其人專好經營投機事業。有接受遺產的福分。
二十二號生人。其人善於經商。
二十三號生人。其人好訟。所有遺產。大都喪失。而爲訴訟費。
二十四號生人。其人受人敬重。結識許多貴人。
二十五號生人。其人不苟且。能爲公共謀幸福。
二十六號生人。其人度量寬宏。有慈悲心。能捨己救人。爲人稱道。
二十七號生人。其人性情暴躁。遇事不能忍耐。舉止無恒。不善於交友。
二十八號生人。其人幼年作事多受阻礙。至中年老年則較佳。
二十九號生人。其人生平得友人幫助。亦能爲人代庖。遇自己的事。反手足無措。
三十號生人。其人靈敏活潑。惟易於失足。稟性慷慨。不與人爭鬬。
三十一號生人。其人少年多受艱苦。事事謹小愼微。不越大步。對於經濟。尤能處理有方。

珊按、海澄邱菽園先生煒萲。嘗爲海外寓公文名滿天下。曩讀其揮麈拾遺及嘯虹生詩鈔。固已常懷仰止。近復由星洲以商餘雜志見惠。而覽滄先生所譯之文在焉。披閱至再。不禁狂喜。爲佩先生關心祖國。小道不遺也。爰錄之。以供國人參考。至我國論命以日爲主。以時爲輔之理。略見於本書卷五第十一頁。孰精孰粗。茲不具論。若再參看揣著增訂命理探原。論日主法。論生時法。則更詳明矣。

泰西各國英雄豪傑多有酷信命運及選吉者

泰西事物原起云。泰西人士。釃酒而祝善緣。擔幣而訊運命者多矣。如古羅模烏惠爾氏。嘗自定善緣之日。（即吉日）其中一日、係氏之誕辰。曾於此日獲大戰勝二次。鼐爾森。自定白日。（即善緣之日）黑日。（即惡緣之日此與我國選吉之學相同）該撒。信己之有福命。嘗行船遇暴風雨。令按針手、催船前進。毋得猶豫。曰、汝非載該撒與該撒之福命乎。拿破倫、及英國碩學培根。皆以爲偶然之事。多本於運命。英國大將軍麥爾保羅。說運命不去口。此類頗多。不可勝述。終

述卜筮星相學卷五

潤德堂叢書之五
鎭江袁樹珊纂述

歷代國史之評論

史記日者傳

自古受命而王。王者之興。何嘗不以卜筮法於天命哉。其於周尤甚。及秦可見。代王之入。任於卜者。太卜之起。由漢興而有。

又龜策傳云

自古聖王將建國受命。興動事業。何嘗不寶卜筮以助善。唐虞以上。不可記已。自三代之興。各據禎祥。塗山之兆從、而夏啓世。飛燕之卜順、故殷興。百穀之筮吉、故周王。王者決定諸疑。參以卜筮。斷以蓍龜、不易之道也。

後漢書方術傳

仲尼稱易有君子之道四焉。曰卜筮者尙其占。占也者、先王所以定禍福。決嫌疑。幽贊於神明。遂知來物者也。若夫陰陽推步之學。往往見於墳記矣。至乃河洛之文。龜龍之圖。箕子之術。師曠之書。緯候之部。鈐決之符。皆所以探抽冥賾。參驗人區。時有可聞者焉。其流又有風角、遁甲、七政、元氣、六日、七分、逢占、日者、挺專、須臾、孤虛之術。及望雲省氣。推處祥妖。時亦有以效于事也。

魏志方技傳

朱建平之相術。管輅之術筮。誠皆玄妙之殊巧。非常之絕技矣。

晉書藝術傳

藝術之興。由來尚矣。先王以是決猶豫。定吉凶。審存亡。省禍福。曰神與智。藏往知來。幽贊冥符。弼成人事。既興利而除害。亦威重以立權。所謂神道設教。率由於此。

魏書藝術傳

蓋小道必有可觀。況往聖標曆數之術。先王垂卜筮之典。論察有法。占候有傳。觸類長之。其流遂廣。

北齊書方技傳

易曰。定天下之吉凶。成天下之亹亹。莫善於蓍龜。是故天生神物。聖人則之。故太史公著龜策日者傳。所以廣其聞見。昭示後昆。

周書藝術傳

仁義之於教、大矣。術藝之於用、博矣。徇於是者。不能無非。厚於利者。必有其害。詩書禮樂所失也淺。故先王重其德。方術技巧所失也深。故往哲輕其藝。夫能通方術、而不詭於俗。習技巧、而必蹈於禮者。豈非大雅君子乎。

隋書藝術傳

夫卜筮所以決嫌疑。定猶豫者也。相術所以辨貴賤。明分理者也。此皆聖人無心。因民設教。自三五哲王。其所由來久矣。然昔之叙卜筮。則史蘇、嚴君平、司馬季主。論相術。則內史叔服、姑布子卿、唐舉、許負。凡此諸君者。仰觀俯察。探賾索隱。咸詣幽微。思侔造化。或弘道以濟時。或隱身以利物。深不可測。固無法而稱焉。

舊唐書方技傳

夫術數占相之法。出於陰陽家流。自劉向演鴻範之言。京房傳焦贛之法。莫不望氣視祲。縣知災異之來。運筴揲蓍。預定吉凶之會。固已詳於魯史。載彼周官。

新唐書方技傳

凡推步卜相。皆技也。能以技自顯於一世。亦悟之天。非積習致然。若李淳風諫太宗。不濫誅。嚴譔、諫不合乾陵。乃卓然有益於時者。茲可珍也。

宋史方技傳

昔者少皡氏之衰。九黎亂德。家爲巫史。神人淆焉。顓頊氏命南正重司天、以屬神。北正黎司地、以屬民。其患遂息。厥後三苗復棄典常。帝堯命羲和修重黎之職。絕地天通。其患又息。然而天有王相孤虛。地有燥濕高下。人事有吉凶悔吝疢病札瘥。聖人欲斯民趨安避危。則巫醫不可廢也。

遼史方技傳

孔子稱小道必有可觀。醫卜是已。醫以濟夭札。卜以決猶豫。皆有補於國。有惠於民。前史錄而不遺。故傳。

金史方技傳

太史公序九流。述日者、龜策、扁鵲、倉公列傳。劉歆校中秘書。以術數、方技、載之七略、後世史官作方技傳。蓋祖其意焉。金世如武禎武亢之信而不誣。劉完素張元素之治療通變。學其術者皆師尊之。不可不記云。

明史方技傳

明初周顛、張三豐之屬。蹤跡秘幻。莫可測識。而震動天子。要非妄誕取寵者所可幾。張中、袁珙、占驗奇中。夫事有非常理所能拘者。淺見尠聞。不足道也。

珊按鄭樵通志云。自史記作司馬季主傳。而後漢因之。遂有方術傳。晉、周、隋、謂之藝術。後魏、謂之術藝。北齊謂之方技。續通志云。藝術一門。唐以後諸史多作方技。此篇僅就二十四史中所列方術、方技、藝術、術藝等傳節錄之故名稱悉仍其舊未能一致也。

歷代先哲之評論

王應麟謂經有擇地論命及姓有五音日有吉凶之明文

困學紀聞云。定之方中。公劉之詩。擇地法也。我辰安在。論命之說也。傳云。不利子商。則見姓之有五音。詩吉日維戊。庚午。則見枝幹之有吉凶。

珊按、王伯厚乃是宋儒。此篇所述。雖寥寥數語。足可證明相宅、相墓、推命、選吉之學。由來尚矣。故不論時代遠近。謹冠篇首。讀者幸毋忽之。至五姓五音。我國久置不談。余曩觀日本佐木泰幹、所著之姓名學大觀一書。專就姓名二字之畫數。辨別陰陽五行。判人運命窮通。其法與我國古籍所載、大致相同。殆亦我棄人取之所致耳。

孝經謂卜其宅兆而安厝之

曲阜鄭曉如孝經約注云。卜、灼龜以視吉凶。人謀難決。請命於神。宅、所託也。兆、灼龜坼也。厝、置也。將置柩於其地。必擇其中之乘生氣、無風火、水泉、沙礫、螻蟻者而卜之盡其誠敬以求安也此葬親之禮。

朱子謂聖人觀象揲蓍決嫌疑定猶豫其功極盛

朱熹易學啓蒙云聖人觀象以畫卦揲蓍以命爻使天下後世之人皆有以決嫌疑定猶豫而不迷於吉凶悔吝之塗其功可謂盛矣然其爲卦也、自本而幹自幹而枝其勢若有所迫而自不能已其爲蓍也、分合進退縱橫逆順亦無往而不相値焉是豈聖人心思智慮之所得爲已哉特氣數之自然形于法象見于圖書者有以啓于其心而假手焉爾

王符謂孔子云禹王得臯陶文王取呂尙皆兆告其象卜底其思

潛夫論卜列篇云天地開闢有神民民神異業積氣通行有招召命有遭隨吉凶之期天難諶斯聖賢雖察不自專故立卜筮以質神靈孔子稱蓍之德圓而神卦之德方而智又曰君子將有行也問焉而以言其受命如嚮是以禹之得臯陶文王之取呂尙皆兆告其象卜底其思以成其吉夫君子聞善則勸樂而進聞惡則循省而改尤故安靜而多福小人聞善則

懾懼而妄爲。故妄躁而多禍。是故凡卜筮者。蓋所問吉凶之情。言興衰之期。令人修身愼行以迎福也。且聖王之立卜筮也。不違民以爲吉。不專任以斷事。故洪範之占大同。是尚書。又曰。假爾元龜。罔敢知吉。詩云。我龜既厭。不我告猶。從此觀之。蓍龜之情。倘有隨時檢易。不以誠耶。將世無史蘇之材。識神者少乎。及周史之筮敬仲。莊叔之筮穆子。可謂能探賾索隱。鉤深致遠者矣。使獻公早納史蘇之言。穆子宿備莊叔之戒。則驪姬豎牛之讒。亦將無由而入。無破國危身之禍也。

屈原曾著卜居

王叔師集卜居章句云。卜居者。屈原之所作也。屈原履忠貞之性。而見嫉妬。念讒佞之臣。承君順非而蒙富貴。已執忠直而身放棄。心迷意惑。不知所爲。乃往至太卜之家。稽問神明。決之蓍龜。卜已居世、何所宜。冀聞異策。以定嫌疑。故曰卜居也。

嵇康曾著卜疑集

嵇中散集云。然而大道既隱。智巧滋繁。世俗膠加。人情萬端。利之所在。若鳥之追鸞。富爲積蠹。貴爲聚怨。動者多累。靜者鮮患。爾乃思邱中之隱士。樂川上之執竿也。於是遠念長想。超然自失。郢人既沒。誰爲吾質。聖人吾不得見。冀聞之於數術。乃適太史貞父之廬而訪之。曰、吾有所疑。願子卜之。

鍾輅謂人之行止飲啄莫不前定

全唐文載鍾輅前定錄序云。人之有生修短貴賤。聖人固常言命矣。至於纖芥得喪。行止飲啄。亦莫不有定者焉。中人以上。罔有不聞其說。然得之卽喜。失之則憂。遑遑汲汲。至於老死。罕有居然俟得。靜以待命者。其大惑歟。余顓愚迷方。不達變態。審固天命。未嘗勞心。或逢一時偶一事。泛乎若虛舟觸物。曾莫知指遇之所由。推而言之。其不在我明矣。大和中、讐書春閣。秩散多暇。時得從乎博聞君子。徵其異說。每及前定之事。未嘗不三復本末。提筆記錄。日月稍久。漸盈筐篋。因而編次之。曰前定錄。庶達識之士。

知其不誣。而奔競之徒。亦足以自警云爾。

沈括謂卜筮能通天下之故

夢溪筆談云。今之卜筮。皆用古書。工拙繫乎用之者。唯其寂然不動。乃能通天下之故。人未能至乎無心也。則憑物之無心者而言之。如灼龜璺瓦。皆取其無心也。

焦循謂六壬太乙相宅之理一本於數

相宅新編叙云。余學九章算數之學矣。讀徐岳術數記遺。見有所謂周公捐悶、孔子三不能比兩、老成子四維等術。卽六壬之天地盤也。又有所謂九宮算者。戴九履一、左三右七、二四爲肩、六八爲足。卽太乙下九宮之法也。本爲算術紀數之用。術者乃用以卜吉凶。定趨避。蓋天下之理。一本于數。孔子贊易曰。參天兩地而倚數。自兩數而乘之。以至于五。乘方爲六十四卦。自三數而乘之。以至于十一。乘方爲黃鐘之實十七萬七千一百四十七。皆自然之數也。于是六十四卦。爲父母男女之所分。亦吉凶悔吝之所寓十二律、爲君臣民事之所合。亦消息凋榮之所占。鴻範九疇、本一二三四五之數。以叙彝倫。即以徵稽疑。嚴君平與子言孝。與臣言忠。積善之家。必有餘慶。以類相從。有如是也。相宅之書。宅經所載。自黃帝以至刁曇凡二十九種。竊爲原其始。莫先於明堂月令。二九、四七、五三、六一、八之數。明堂九室。室謂之宮。故名九室爲九宮。漢儒者溺於圖讖。張平子獨表九宮之數。同於卜筮。故醫者本之用針灸以治病。儒者借之爲河圖以解易。褚華谷袪疑。謂九宮飛白。千古不刊。國朝時憲書。每年及每月月建下、均載三白六候。以定方位。旨哉班孟堅之言曰。形法者。求貴賤吉凶。猶律有短長。而各徵其聲。非有鬼神。數自然也。俗之相宅。知有八卦。而不知有九宮。往往以逆爲順。以吉爲凶。心竊疑焉。因偏求相宅之書。即形家而問焉。所述皆不出八宅之一術。歲戊午乃得此編。其法既憑諸宅。又憑諸命。復參以太乙所行之宮。夫以宅論宅、則吉在宅。以人論宅、斯吉在人。方位有定。而人命轉移。不啻六壬之有天地盤。動靜交養。陰陽互根。揆之以古。則原本於九宮之理。而合乎數之自然。以言乎命宮方位之法。則孚乎本朝時憲書之所頒。而不同於無稽妄作之臆說。尤爲相宅所宜遵者。原本傳寫譌錯。文多重複。稍次叙之。析爲二卷。書不著撰者姓氏。而語必稱師。則師承於古昔可知。舊名相宅秘旨。以其術宜顯諸人。人不當隱秘。易其名曰新編。唐書方技傳叙云。士君子能之、則不迂不泥。不矜不神。觀於此編。何迂泥矜神之有歟。

禮記謂卜筮須分義志

少儀篇云。問卜筮曰義與志與。義則可問。志則否。註見人卜筮欲問其所卜何事。則曰義與志與。義者事之宜。爲志則心之隱謀也。故義者則可問其事。志則不可問其事也。一說、卜者問求卜之人義則爲卜之志則不爲之卜。亦通。

顧炎武引詩書易及管子證明卜筮

日知錄云。舜曰官占惟先蔽志。昆命於元龜。詩曰爰始爰謀。爰契我龜。洪範曰謀及乃心謀及卿士謀及庶人謀及卜筮孔子之賛易也亦曰人謀鬼謀註云惠氏曰古者卜筮先用精鑿之米以享神謂之糈楚辭云巫咸將夕降兮懷椒糈而要之王逸注言巫咸將下願懷椒糈要之使筮者占茲吉凶之事也管子云守龜不兆握粟而筮者屢中

王引之謂先甲後甲先庚後庚皆行事之吉

經義述聞云先甲三日後甲三日先庚三日後庚三日皆行事之吉日也蠱爲有事之卦巽爲申命行事之卦而事必諏日以行故蠱用先後甲之辛與丁巽用先後庚之丁與癸也古人行事之日多有用辛與丁癸者郊特牲曰郊之用辛也周之始郊日以至春秋宣八年六月辛巳有事于太廟昭二十五年秋七月上辛大雩季辛又雩夏小正曰二月丁亥萬用入學召誥曰丁巳用牲于郊少牢饋食禮曰日用丁巳春秋隱三年冬十有二月癸未葬宋穆公桓十七年秋八月癸巳葬蔡桓侯莊二十二年春王正月癸丑葬我小君文美古者葬必卜日是辛也丁也癸也皆行事之吉日也先

庚三日。後庚三日吉。正謂用丁癸則吉耳。
又云漢書武帝紀詔曰望見泰一脩天文禮。辛卯夜若景光十有二明易
曰先甲三日後甲三日朕甚念年歲未咸登飭躬齋戒丁酉拜況於郊顏
注曰辛夜有光是先甲三日也。丁日拜況是後甲三日也。此辛與丁為吉
日而擇以行事之明證。西漢時占義猶未亡矣。

祁駿佳謂邵康節云孔子知數

遯翁隨筆云邵康節云孔子定書以秦誓綴周魯之後知周之後必為秦
也。康節素通數學又深知數之不妨於道故為此的實之論也。儒之固而
腐者。乃云數非聖賢所重而不與康節之論曰特取其悔過云爾非預識
其繼周也。試詰之曰悔而不再作者方謂悔之過。今彭衙令狐汾曲之師
貧而且忿皆在作誓之後果能悔過否乎。既非眞能悔過孔子奚取焉。且
數百年之中數百國之君豈無一言之幾道可綴周魯之末者乃獨取一
夷狄君長之誓豈理也哉。大抵聖至孔子已集大成凡六合內外十世古

今皆如鏡照物特多有不欲明言者亦存重道不重數之意耳豈道之至者而有不知數者哉道為其大無外之道豈數獨在道外哉故當以康節之論為的

程樹勳謂古今豪傑之資每多善六壬者

壬學瑣記云宋仁宗最嗜六壬故其時習此學者甚多而以元軫、苗公達為最至徽宗高宗時邵彥和一出又駕諸人之上理宗時、有凌福之者本邵公之法作畢法賦於是諸法咸備至平至當一掃疑神疑鬼之習氣至金朝則以六壬、三命諸術考試司天臺之學生時有徐次賓者精於其學著一字訣玉連環皆六壬家一脈相傳也

又云讀楊忠愍公年譜知公通三式之學可見此學為君子所不棄晉之戴洋唐之李靖元之劉秉忠、耶律楚材明之劉青田亦皆兼精於此諸公豪傑之資小道不遺固知非涉見寡聞之輩所能窺測者也

又云善六壬者吳越春秋則載子胥、少伯、文種、公孫聖晉書則載戴洋龍

城錄則載馮存澄。五代史則載梁太祖。夷堅志則載蔣堅。裨史則載朱允升。堯山堂外紀、亦載朱允升。徽州府志則載程九圭。松江府志則載陳雨化。蘇州府志則載徐大衍、皇甫焯。元史則載劉秉忠。然古今善六壬者。當不止此數人。惜余孤陋。於書籍所見有限。未能一一詳舉耳。

汪中謂左氏之言卜筮未嘗廢人事

述學云。左氏春秋釋疑篇云。晉獻公筮嫁伯姬於秦。史蘇占之不吉。及惠公為秦所執、曰。先君若從史蘇是占。吾不及此。韓簡以為先君多敗德。史蘇是占。勿從何益。南蒯將叛。筮之得坤比比、子服惠伯、以為忠信之事則可。不然必敗。易不可以占險。由是言之。左氏之言卜筮。未嘗廢人事也。

顧炎武謂春秋葬皆用柔日

日知錄云。春秋葬皆用柔日。宣公八年冬十月己丑。葬我小君敬嬴。雨不克葬。庚寅日中而克葬。定公十五年九月丁巳。葬我君定公。雨不克葬。戊午日下昃。乃克葬。己丑、丁巳、所卜之日也。遲而至於明日者。事之變也。非

用剛日也原注、經文所書葬列國之君無非柔日者惟成公十五年秋八月庚辰葬宋共公是剛日其亦雨而不克葬遲而至於明日者與

列子力命篇

力命篇云力謂命曰若之功、奚若我哉命曰汝奚功於物而欲比朕力曰壽夭窮達貴賤貧富我力之所能也命曰彭祖之智不出堯舜之上而壽八百顏淵之才不出衆人之下而壽四八仲尼之德不出諸侯之下而困陳蔡殷紂之行不出三仁之上而居君位季札無爵於吳田恒專有齊國夷齊餓於首陽季氏富於展禽若是汝力之所能奈何壽彼而夭此窮聖而達逆賢賤而貴愚貧善而富惡耶力曰若如若言我固無功於物而物若此耶此則若之所制耶命曰既謂之命奈何有制之者耶朕直而推之曲而任之自壽自夭自窮自達自貴自賤自富自貧朕豈能識之哉朕豈能識之哉

王充命祿論

論衡云。凡人遇偶、及遭累害。皆由命也。有死生壽夭之命。亦有貴賤貧富之命。自王公逮庶人。聖賢及下愚。凡有首目之類。含血之屬。莫不有命。命當貧賤。雖富貴之。猶涉禍患矣。命當富貴。雖貧賤之。猶逢福善矣。故命貴、從賤地自達。命賤、從富位自危。故夫富貴若有神助。貧賤若有鬼禍。命貴之人。俱學獨達。竝仕獨遷。命富之人。俱求獨得。竝爲獨成。貧賤反此。難達、難遷、難成、獲過受罪。疾病亡遺。失其富貴。貧賤矣。

李蕭遠運命論

運命論云。夫以仲尼之才也、而器不周於魯衛。以仲尼之辯也、而言不行於定哀。以仲尼之謙也、而見忌於子西。以仲尼之仁也、而取讐於桓魋。以仲尼之智也、而屈厄於陳蔡。以仲尼之行也、而招毀於叔孫。夫道足以濟天下。而不得貴於人。言足以經萬世。而不見信於時。行足以應神明。而不能彌綸於俗。應聘七十國。而不一獲其主。驅驟於蠻夏之域。屈辱於公卿之門。其不遇也如此。及其孫子思。希聖備體。而未之至。封已養高。勢動人主其所遊歷、諸侯莫不結駟而造門。猶有不得賓者焉。其徒子夏、升堂而未入於室者也。退老於家。魏文侯師之。西河之人肅然歸德。比之於夫子而莫敢間其言。故曰。治亂運也。窮達命也。貴賤時也。而後之君子、區區於一主。歎息於一朝。屈原以之沉湘。賈誼以之發憤。不亦過乎。然則聖人所以爲聖者。蓋在乎樂天知命矣。

劉孝標辯命論

辯命論曰。夫道生萬物。則謂之道。生而無主。謂之自然。自然者。物見其然。不知所以然。同焉皆得。不知所以得。鼓動陶鑄而不爲功。庶類混成而非其力。生之無亭毒之心。死之無虔劉之志。墜之淵泉非其怒。昇之霄漢非其悅。蕩乎大乎。萬寶以之化。確乎純乎。一作而不易。化而不易。則謂之命。命也者、自天之命也。定於冥兆。終然不變。鬼神莫能預。聖哲不能謀。觸山之力無以抗。倒日之誠弗能感。短則不可緩之於寸陰。長則不可急之於箭漏。至德未能預。上智所不免。是以放勛之世。浩浩襄陵。天乙之時。焦金流石。文公蹇其尾。宣尼絕其糧。顏回敗其叢蘭。冉耕歌其芣苢。夷叔斃淑媛之言。子輿困臧倉之訴。聖賢且猶若此。而況庸庸者乎。至乃伍員浮屍於江流。三閭沉骸於湘渚。賈大夫沮志於長沙。馬都尉皓髮於郎署。君山鴻漸、鎩羽儀於高雲。敬通鳳起。催迅翮於風穴。此豈才不足而行有遺哉。近世有沛國劉瓛。瓛弟璡。並一時秀士也。瓛則關西孔子。通涉六經。循循善誘。服膺儒行。璡則志烈秋霜。心貞崑玉。亭亭高竦。不雜風塵。皆毓德於衡門。竝馳聲於天地。而官有微於侍郎。位不登於執戟。相次殂落。宗祀無饗。因斯兩賢。以言古則。昔之玉質金相。英髦秀達。皆擯斥於當年。韞奇才而莫用。候草木以共彫。與麋鹿而同死。膏塗平原。骨塡川谷。堙滅而無聞者。豈可勝道哉。此則宰衡之與皂隷。容彭之與殤子。猗頓之與黔婁。陽文之與敦治。咸得之於自然。不假道於才智。故曰死生有命。富貴在天。其斯之謂矣。

王安石命解

臨川文集云。先王之俗壞。天下相率而爲利。則强者得行無道。弱者不得行道。貴者得行無禮。賤者不得行禮。孔子修身潔行。言必由繩墨。陳蔡大夫惡其議已。率衆而圍之。此乃所謂不得行道也。公行有子之喪。右師往弔。入門有進而與右師言者。有出位而與右師言者。孟子不與右師言。右師不說。孟子曰。我欲爲禮也。方是時不獨右師不說。凡與右師言者。蓋皆不說也。此乃所謂不得行禮也。然孔子不以弱而離道。孟子不以賤而失禮。故立乎千世之上而爲學者師。右師陳蔡之大夫。卒亦不得傷焉。以其有命也。今不知命之人。剛則不以道御之。而曰有命焉。彼安能困我。由此、則死乎巖墻之下者。猶正命也。柔則不以禮節之。而曰不出、懼及禍焉。由此則是貧賤可以智去也。夫柔而不以禮節之。剛而不以道御之。其難免一也。故易旅之初六、與上九同患。悲夫。離道以合世。去禮以從俗。苟命之窮矣。孰能恃此以免者乎。

宋濂命辯

祿命辯云。三命之說。古有之乎。曰無有也。曰世之相傳、有黃帝風后三命一家。而河上翁實能言之。信乎。曰吾聞黃帝探五行之精。占斗罡所建。命大撓作甲子矣。所以定歲月推時候。以示民用也。他未之前聞也。曰然則假以占命。果起於何時乎。曰詩云。我辰安在。鄭氏謂六物之吉凶。王充論衡云。見骨體而知命祿。覩祿命而知骨體。皆是物也。況小運之法。本許愼說文巳字之訓。空亡之說。原司馬遷史記孤虛之術。蓋以五行甲子推人休咎。其術之行已久矣。非如呂才所稱起於司馬季主也。沿及後世。臨孝恭有祿命書。陶宏景有三命鈔畧。唐人習者頗衆。而僧一行、桑道茂、李虛中。咸精其書。虛中之後。唯徐子平尤造其閫奧也。

已瘧編謂論命以日爲主。雖曰小道。亦嘗窺測陰陽之際

已瘧編云。術家以人生所値年月日時、推算吉凶。而必歸重於日主。頗亦有說。夫十二時皆生於日。積日而後成月。積月而成歲。故日干最爲重。蓋曰纏於子宮、則謂之子時。丑寅之類皆然。無日則無時、而月與歲、皆無從

推矣雖曰小道亦嘗窺測陰陽之際者。

錢文敏公謂人當順命

茶山文鈔云天下之事其皆前定乎爲善無所定爲不善無所懲紛紛而籍之逐逐而給之造物甚勞且不繼其無前定乎一二守道之士人笑其迂天且漠焉不肖者攘臂經營於其間若是者宜何從今夫火傳物也爇之而後炎亦有不必爇之者也聖人之言前定者有矣書曰惟天陰隲下民相協厥居孔子得之不得曰有命此從乎天而爲言也聖人之言無定者有矣詩曰永言配命自求多福易曰積善之家必有餘慶積不善之家必有餘殃此從乎人而爲言也言天者絀人言人者絀天二者交相勝也聖人以人之日日營於勢利得喪之途而未有止也不得已而以命正之聖人以命之不可以淺言也故深之厚其權於人而推本於天蒼蒼者天也其遠而無所極也孰爲主之而使其有定也如是孰轉移之而使之無定而有定也如是儒者求其故而不得而歸之于理夫理則亦有不必固

然者矣語曰和氣致祥戾氣致異儒者高言理而不屑言氣乃以陰陽爲形下余甚感焉物生而後有象象而後有數氣在象數之先理與命之所從出也積燥之極陰火內熠積潤之極津水外溢水火物也潤燥者氣也相感之微非人非天莫測所從孰爲主之孰轉移之其在人也亦若是而已矣人之生於天地與百穀草木之生於土無異也雨露之所濡霜雪之所殺雷霆之所擊于人有之于物亦然何所厚薄而若是耶故莫之爲而爲適然而値之者數也命也既莫之爲矣將前定乎既適然而値之矣將無定乎天且不吾知吾何心乎此之謂順命

張竹村謂人不知命其弊不可勝言

適來子云命果有憑乎茫乎不可知也命果無憑乎貽乎不可易也三代以下天下何其囂囂也患得患失無所不至此無他患生於多欲而闇乎自然之數也孔子以爲人德自知命始是故顓孫干祿導以言行子路慍見敎之固窮夫豈不知富貴之足樂貧賤之難堪哉凡以爲命不可强而

行己之不可失也。戰國。士爭功名。雖三尺童子。欣然皆有意於其間。得之則喜。失之則怨。秦漢而後。士雖砥礪名節。然其踰禮義、而苟以爲一旦之榮者。亦不可勝數。蓋彼讀聖賢書、而借之以爲階耳。而所爲入德之門。未有能自安者矣。嗚呼。不知命之弊。可勝言哉。

貴耳集謂智將不如福將

圖書集成引貴耳集云。張魏公、開建業幕府。有一術者來謁。取辟客命推算。術者云、皆非貴人。公不樂。曰要作國家大事。幕下如何無三五人宰執侍從。此亦智將不如福將也。魏公之客虞雍公。雍公之客王謙仲。范宗尹之客賀宗禮。皆宰執也。開禧畢、再遇帥揚、起身行伍。驟爲名將。亦非偶然。麾下有二十餘人。都統制殿帥四人。則知魏公推命之不誣也。

韓昌黎磨羯爲身宮蘇東坡磨羯爲命宮

東坡志林云。吾昔謫黃州。曾子固居憂臨川。死焉。妄傳吾與子固同日化去。且云如李長吉事。以上帝召他。時先帝亦聞其語。以問蜀人蒲宗孟。且有嘆息語。今謫海南。又傳吾得道乘舟入海、不復返者。京師皆云。兒子書來言之。今日有從黃州來者、云太守何述言吾在儋耳。一日忽失所在。獨道服在耳、蓋上賓也。吾平日遭口語無數。蓋生時與韓退之相似。吾命在斗間。而退之身宮在焉。故其詩曰。我生之辰。月宿值斗。且曰無善聲以聞。無惡聲以揚。今謗吾者或云死。或云僊。退之之言良非虛耳。　韓退之詩我生之辰。月宿南斗。乃知退之磨羯爲身宮。僕以磨羯爲命宮。平生多得謗譽。殆同病也。

王文祿謂通天地人曰儒

海沂子云。天皇、地皇、人皇、暨羲皇。罔不合道器理數。盡洩天地人之秘。云自秦焚滅矣。秦以前。因史記知有鄒衍。秦以後、因經世知有邵雍。若楊雄、洛下閎、僧一行、李淳風、袁天綱、耶律楚材、廖應淮、皆能之。使孔門無中庸。曷能闡三才蘊奧也。故曰通天地人曰儒。海沂子曰。漢制射策。尤崇博極羣書。以故有通三才之學者。唐、詩賦則淺。宋、經義則拘。噫、載天履地。同人冠世。烏可不知何以爲天。何以爲地。何以爲人。

曾文正公謂人力三分運氣七分

求闕齋日記云。古來聖哲名儒之所以彪炳宇宙者。無非由於文學事功。然文學則資質居其七分。人力不過三分。事功則運氣居其七分。人力不過三分。

張文和公謂君相不能造命

澄懷園語云。人生榮辱進退。皆有一定之數。宜以義命自安。余承乏綸扉。兼掌銓部。常見上所欲用之人。及至將用時。或罹參罰。或病或故。竟不果用。又常見上所不欲用之人。或因一言薦舉而用。或因一時乏才而用。其得失升沉。雖君上且不能主。況其下焉者乎。乃知君相造命之說。大不其然。

珊按、呂氏春秋云。夏后氏孔甲田於東陽萯山。天大風晦盲。孔甲迷惑。入於民室。主人方乳。或曰、后來見良日也。之子是必大吉。或曰、不勝也。

之子。是必有殃。后乃取其子以歸。曰以爲余子。誰敢殃之。子長成人。幕動。折撩斧斫斬其足。遂爲守門者。孔甲曰。嗚呼。有疾。命矣夫。觀此益信張文和公君相不能造命之說。爲有據也。幕。音莫。字典云。帷在上曰幕。帳也。猶言帳棚。軍中張帳幕以居。故將帥所在曰幕府。

薛據謂人有三死非命也

孔子集語云。魯哀公問於孔子曰。有智者壽乎。孔子對曰。然。人有三死。而非其命也。人自取之。寢處不時。飲食不節。勞佚過度者。疾共殺之。居下位而好干上。嗜欲無厭。求索不止者。刑共殺之。少以犯衆。弱以侮强。忿不量力者。兵共殺之。此三死者。非其命也。人自取之。

楊雄謂命不可避

法言云。或問命。曰。命者、天之命也。非人爲也。人爲不爲命。請問人爲。曰。可以存亡。可以死生。非命也。命不可避也。或曰。顏氏之子、冉氏之孫。曰。以其無避也。若立巖牆之下。動而徵病。行而招死。命乎。

王充謂國命勝人命

論衡命義篇云。墨家之論。以爲人死無命。儒家之議。以爲人死有命。言有命者、見子夏言死生有命。富貴在天。言無命者曰、聞歷陽之都、一宿沈而爲湖。秦將白起、坑趙降卒於長平之下。四十萬衆同時皆死。春秋之時。敗績之軍。死者蔽草。尸且萬數。饑饉之歲。餓者滿道。溫氣疫癘。千戶滅門。如必有命。何其秦齊同也。言有命者曰。夫天下之大。人命之衆。一歷陽之都。一長平之坑。同命俱死。未可怪也。命當溺死。故相聚於歷陽。命當壓死。故相積於長平。猶高祖初起。相工入豐沛之邦。多封侯之人矣。未必老少男女俱貴。而有相也。卓躒時見。往往皆然。而歷陽之都。男女俱沒。長平之坑。老少並陷。萬數之中。必有長命未當死之人。遭時衰微。兵革並起。不得終其壽。人命有長短。時有盛衰。衰則疾病。被災蒙禍之驗也。宋衛陳鄭同日並災。四國之民。必有祿盛未當衰之人。然而俱災。國禍陵之也。故國命勝人命。壽命勝祿命。

孔子以所以所由所安相人並預言子路不得其死

論語云。子曰。視其所以。觀其所由。察其所安。人焉廋哉。人焉廋哉。又曰。子路行行如也。不得其死然。尹註謂子路剛強。有不得其死之理。故因以戒之。其後子路卒死於衛孔悝之難。

諸葛忠武侯曾著相書相山訣及風雲氣候等書

張澍輯武侯故事引鄭樵通志云。武候相書一卷。武侯相山訣三卷。大明堂鑑一卷。唐書藝文志集注陰符經一卷。太公、范蠡、鬼谷子、張良、諸葛亮、李湻風、李筌、李鑒、李銳、楊晟共注。宋藝文志諸葛武侯十六條一卷。十二時風雲氣候一卷。五行雲霧歌一卷。占風雨雷電一卷。年代風雨占一卷。兵書手訣一卷。文武奇編一卷。

曹子建相論

相論曰。世固有人身瘠而志立。體小而名高者。於聖則否。是以堯眉八彩。舜目重瞳。禹耳三漏。文王四乳。然則世亦有四乳者。此則駑馬一毛似驥耳。宋臣有公孫呂者。長七尺。面長三尺。廣三尺。名震天下。若此之狀。蓋遠代而求。非一世之異也。使形殊於外。道合其中。名震天下。不亦宜乎。語云。無憂而戚。憂必及之。無慶而懽。樂必隨之。此心有先動。而神有先知。則色有先見也。故扁鵲見桓公、知其將亡。申叔見巫臣、知其竊妻而逃也。

王充骨相論

論衡骨相篇云。人曰命難知。命甚易知。知之何用。用之骨體。人命稟於天。則有表候於體。察表候以知命。猶察斗斛以知容矣。表候者、骨法之謂也。故知命之工。察骨體之證。睹富貴貧賤。猶人見盤盂之器。知所設用也。善器必用貴人。惡器必施賤者。尊鼎不在陪厠之側。匏瓜不在堂殿之上。明矣。富貴之骨。不遇貧賤之苦。貧賤之相。不遭富貴之樂。亦猶此也。器之盛物。有斗石之量。猶人爵有高下之善也。器過其量。物溢棄遺。爵過其差。死亡不存。論命者如比之於器。以察骨體之法。則命在於身形定矣。非徒富貴貧賤有骨體也。而操行清濁。亦有法理。貴賤貧富。命也。操行清濁。性也。

非徒命有骨法。性亦有骨法。惟知命有明相。莫知性有骨法。不見性之符驗也。

劉峻謂命之與相猶聲之與響

劉戶曹集相經序云夫命之與相猶聲之與響聲動乎幾。響窮乎應。雖壽夭參差。賢愚不一。其間大較。可得聞矣。若乃生而神睿。弱而能言。八彩光眉。四瞳麗目。斯實天姿之特達。聖人之符表。洎乎日角月偃之奇。龍棲虎踞之美。地靜鎮於城纏。天關運於掌策。金槌玉枕。磊落相望。代犀起蓋。隱轔交映。井宅既兼。食匱已實。抑亦帝王卿相之明効也。及其深目長頸。頹顏蹙齃。蛇行鷙立。猳喙鳥味。筋不束體。血不華色。手無春荑之柔。髮有寒蓬之悴。或先吉而後凶。或少長乎窮乏。不其悲歟。至如姬公凝負圖之容。孔父眇棲遑之迹。豐本知其有後。黃中明其可貴。其間或躍馬膳珍。或飛而食肉。或皂隸晚侯。初形未正。銅巖無以飽生。玉饌終乎餓死。因斯以觀。何事非命。

陶弘景曾著相經

陶隱居集相經序云、相者蓋性命之著乎形骨、吉凶之表乎氣貌、亦猶事先謀而後動、心先動而後應、表裏相感、莫知所以然、且富貴壽夭、各他其數、董賢甫在弱冠、便位過三公、貲半於國、而裁出三十、身摧家破、馮唐袴穿郎署、揚雄壁立高閣、而並至白首、或垂老玉食、而官不過尉史、或穎慧若神、僅至齠齔、或不辨菽麥、更保黃耉、此又明其偏有得也、

吳處厚之相目法較孟子尤爲詳備

青箱雜記云、人之心相、亦見於目、孟子曰、知人者莫良於眸子、胸中正、則眸子瞭焉、胸中不正、則眸子眊焉、此其大概也、而其間善惡、又更多端、凡眢瞼啖囁者、嫉妬人也、盱睢瞠瞴者、惡性人也、矘矘晃者、憨人也、眲䁍眠睐者、淫亂人也、睢盱睒爍者、邪人也、獮詗瞢瞢者、奸詐人也、應徵拗呦者、崛强人也、羊目盰瞳者、毒害人也、睛色雜而光浮淺者、心不定、無信人也、睛色光彩溢出者、聰明人也、睛色紫黑、而彩端諦者、好隱遁人也、睛色黃、

瞻視端直者、慕道術人也。睛多光、而不溢不散徹、瞻視端直者、慕道術人也。睛急眨者、若不嫉妬、卽虛妄人也。眸、音謀。目中瞳人也。瞭、音了。目睛明也。眊、音冒。目不明貌。眢、音茂。睮音兪。睮睮媚貌。前漢韋賢傳、睮睮諂夫。唊、音頰。說文、妄語也。廣韻、唊唊、多言也。亦作誺。囁、音聶。玉篇、口無節也。廣韻、私罵也。又口動也。盱、音吁。說文、張目也。六書故張目企望者。必猶豫不進也。易、豫卦。盱、豫悔。註、上視也。睢、音雖。史記、暴戾恣睢。注、睢、仰目怒貌。瞠、顚入聲。䀸、音血。瞠䀸、視惡貌。矕、音羴。矘、音儻。說文、目無精直視也。後漢梁冀傳。冀鳶肩豺目。洞精矘眄。字彙補、音儻。平聲。晃、戶廣切。養韻。明也。輝也。羴、尸連切。音羶。說文、羊臭也。眄、音麪。霰韻。衺視也。陶潛文、眄庭柯以怡顏。憨、呼甘切。音蚶。愚也。癡也。下瞰切。勘韻。害也。果決也。䀡、諂去聲。類篇、窺也。與覘同。集韻、音詹。目垂也。䁠、音鬑。鬑䁠䀡、目垂也。鬑、音廉。說文、鬋也。一曰長貌。鬋、音煎。說文、女鬢垂貌。⿰目秦、音秦。睒、音閃。說文、暫視貌。瞢、音蒙。東韻。又去聲送韻。義同。目不明也。晦也。慙也。瞢、音層。目小作態。瞢、瞪也。類韻。瞢瞪、目不明貌。拗、於絞切。巧韻。折也。如攀折樹枝。俗亦謂之拗。於教切。效韻。拗戾、固相違也。如執拗。拗強。眑、音拗。深目也。與窅同。又面目不平也。窅、伊鳥切。音杳。篠韻。深也。眏音央。眨、音札。目動也。

吳處厚謂心相有三十六種

青箱雜記云諺曰、有心無相。相逐心生。有相無心。相隨心滅。此言人以心相爲上也。故心相有三十六相。人嘗言意氣求官自須如此一也。爲事有剛有柔二也。慕善近君子三也。有美食嘗分惠人四也。不近小人五也。常行陰德、每事方便。六也。從小能治家。七也。不厭人乞覓。八也。利人克己。九也。不遂惡貪殺。十也。聞事不驚張。十一也。與人期不失信。十二也。不易行改操。十三也。夜臥不便睡着。十四也。馬上不回頭顧。十五也。夜不令人生憎怒。十六也。不文過飾非。十七也。爲人作事周匝。十八也。得人恩力不忘。十九也。自小便有大量。二十也。不毀善害惡。二十一也。憐孤、濟寡、急物。二十二也。不助强欺弱。二十三也。不忘故舊之分。二十四也。爲事衆人用之。二十五也。不多言妄語。二十六也。得人物、每生慚愧。二十七也。聲美、言有序。二十八也。當人語次不先起。二十九也。常言人善事。三十也。不嫌惡衣惡食。三十一也。方圓曲直隨時。三十二也。聞善行之不倦。三十三也。知人飢渴勞苦、嘗有以恤之。三十四也。不念舊惡。三十五也。故舊有難、竭力救之。三十六也。以上三十六善皆全者、當位極人臣、壽考令終。或有不全、則禍福相折、以次減殺。具二十者、刺史之位。具十以上、令佐之官。具五七者、亦須大富。

李德裕謂識相擇士可以拔十得九

全唐文載李德裕析羣疑相論云。夫相之相、在乎清明。將之相、在乎雄傑。清明者、珠玉是也。爲天下所寶。雄傑者、虎兕是也。爲百獸所伏。然清者必得大權。不能亨豐富。雄者必當昌侈。不能爲大柄。兼而有之者。在乎粹美而已。余頃歲莅淮海。屬縣有盱眙山多珉玉。剖而爲器。清瑩洞澈。雖水精明冰不如。而價不及凡玉。不得爲至寶。以其不粹也。清而粹者天也。故高不可測。清而澈者泉也。故深不可察。此其大畧也。余嘗精而求之。多士以才爲命。婦人以色爲命。天賦是美者。必將有以貴之。才高者雖孟嘗眇小。察澤折額。亦居萬人之上。色美者雖鈎弋之拳。李夫人之賤。亦爲萬乘之偶。然不如清而粹者。必身名俱榮。福祿終泰。張良是也。擇士能用此術。可以拔十得九。無所疑也。

吳處厚謂無福之人不可共事

青箱雜記云。昔人謂官至三品。不讀相書。自識貴人。以其閱人多、故也。本朝巨公呂文清、夏文莊、楊大年、馬尙書、皆有人倫之鑒。故其賞罰、未嘗妄謬。而任使之際、亦多成功。李勣曰、無福之人、不可與共事。斯言信矣。

蘇東坡謂余之遷謫艱苦、乃骨相所招

瑞桂堂暇錄云、東坡自謫海南歸。人有問其遷謫艱苦者、坡答曰、此乃骨相所招。少時入京師、有相者云、一雙學士眼、半個配軍頭、異日文章雖當知名、然有遷徙不測之禍。今日悉符其語。

嵇叔夜謂人之擇吉、猶農之擇沃土也

嵇中散集云、武王營周、則云考卜惟王、宅是鎬京。周公遷邑、乃卜澗瀍、終惟洛食。又曰、卜其宅兆而安厝之。古人修之於昔、如彼。足下非之於今、如此。不知誰定可從。論曰、爲三公宅、而愚民必不爲三公、可知也。或曰、愚民必不得久居公侯宅。然則果無宅也。應曰、不謂吉宅能獨成福、但謂君子既有賢才、又卜其居、復順積德、乃享元吉。猶夫良農既懷善藝、又擇沃土、復加耘耔、乃有盈倉之報耳。今見愚民不能得福於吉居、便謂宅無善惡。

何異覩種田之無十千而謂田無壞瘠耶

沈大成謂仁人孝子之葬親必有其道

新訂天玉青囊序云地理之學先王所以奠山川建都邑制師田宅人民凡體國經野之模大率不離於是而葬法特其一端迨後雜出九流或且以爲非儒者所宜治從而訾議之夫萬物之負陰抱陽戴天而履地者理與氣爲之也屈信往來無間于生死祖禰子姓不隔于幽明親在而所寢不蔽風雨一息不能安爲之兆域而有賊風水蟲之虞其能恝然已乎則仁人孝子之葬其親必有道矣

武侯謂陰陽之理昭著乎象

諸葛忠武侯集載陰符經注云天垂象聖人則之推甲子畫八卦考蓍龜稽律歷則鬼神之情陰陽之理昭著乎象無不盡矣八卦之象申而用之六十甲子轉而用之神出鬼入萬明一矣

江淹感子路之言但欲史歷巫卜爲世俗賤簡事耳

江醴陵集與交友論隱書云淹者海濱窟穴弋釣爲伍自度非奇力異才不足聞見於諸侯每承梁伯鸞臥於會稽之墅高伯達坐於華陰之山心常慕之而未能及也嘗感子路子言不拜官而仕無靑組紫紱龜紐虎符之志但欲史歷巫卜爲世俗賤簡事耳

說海謂嚴君平西蜀設肆是亦行道爾

圖書集成藝術典引說海論命云孔子曰道之將行也與命也道之將廢也與命也是以聖人素其位而行所遇不可必故歸之於命先言道而後言命聖人依命而行道所以嚴君平西蜀設肆爲人臣者勉之以忠爲人子者勸之以孝是亦行道爾

韓昌黎謂大賢君子須通陰陽土地

昌黎文集載答侯繼書云僕少好學問自六經之外百氏之書未有聞而不求求得而不觀者也然其所志惟在意義所歸至於禮樂之名數陰陽土地星辰方藥之書未嘗一得其門戶雖今之仕進不要此道然古之人

未有不通此而爲大賢君子者也。

珊按、此條爲古閩龔貢謨先生蔭杉極爲欽佩。丙寅三月。蒙其鈔示。玆特纂入。謹識數言。不忘所自也。

汪中謂小道自託可養廉耻

述學載與朱武曹書云。中嘗有志於用世。而耻爲無用之學。故於古今制度沿革。民生利病之事。皆博問而切究之。以待一日之遇。下至百工小道。學一術以自託。平日則自食其力。而可以養其廉耻。即有饑饉流散之患。亦足衛其生。何苦耗心勞力。飾虛詞以求悅世人哉。

書影載人命八字止一百萬零三萬六千

周亮工書影云。人命八字。共計五十一萬八千。即以上四刻、下四刻論。亦止一百萬零三萬六千。盡之矣。

珊按、乾元秘旨云。凡大富大貴之命。往往世不偶生。而貧賤者、恒層見疊出。何歟。蓋天地之精華。獨醞釀於此一日。發洩於此一時。譬諸祥麟彩鳳即不多見若泛泛化生於陰陽五行之內不啻吠犬鳴雞何地無之此語足解周亮工之惑若再參看閱微草堂筆記更可知其間乘除盈縮之理矣或曰花甲六十一周人之八字豈非六十年後盡相同乎曰非惟六十年後不能同即六千六萬年後亦不能同蓋六十甲子之年可同而六十甲子按月節氣之日時忽先忽後參差不一斷難同節氣既不同雖八字偶同其中衰旺榮枯勢必大相懸絕而況行運遲早又有變更彼爲十歲行甲運而此則六歲行甲運彼爲二十歲行乙運此則爲二十六歲行乙運矣先後不同如此其禍福吉凶又豈能相同耶語云人心不同各如其面夫以人面之簡單不過五官而已尚不能同而況幹枝二十二字又有逐年節氣錯綜於其間安得相同耶先哲有詩云光陰如逝水一去不復回此誠閱歷天人之言也

道一山房主人沚雲氏曰書影謂人命八字止一百零三萬六千前案力駁其非意謂人心不同各如其面人命不同各如其心斯論甚當但

僅述其所當然。尚未深究其所以然耳。八字根據幹枝。幹枝根據五行。五行根據七政。七政以太陽為宗。太陽每歲相交冬至點。有三十九分太之歲差。於是諸星經天。每歲俱生纖微之差別。而宇宙間年年不同之命運。亦由歲差判分。故明瞭歲差之原理。則便知古今中外、絕無畢同之運命矣。豈止一百零三萬六千八字而已哉。

茶香室四鈔載八字可憑止一字

茶香室四鈔云。八字之說。最不可信。自天地開闢至今。究不知為若干歲。則安知今年之為某甲子也。年不可信。則月日亦不可信。惟時尚可信。然時上所配之天幹。亦不可信。八字可憑者止一字耳。

珊按、此篇謂安知今年為某甲子語。太不經。不觀六經、天文編、載明演紀作歷。是年天正冬至日在虛一度。乾鑿度、皇極經世、及漢皇甫謐、所載皆同。又云黃帝迎日推策。始作調歷。至漢造歷。歲在甲子。乃十一月冬至甲子朔。為入歷之始。可見演紀作歷。信而有徵。以次推排。毫無舛誤。何得謂爲安知耶。若爲甲子紀元。遠不可稽。獨不思天象昭懸。四時有序。弦望朔晦分至啓閉。識者可以隨時隨地測之。至謂八字可憑者只一字。試問此一字、是否爲地枝乎。若謂地枝可憑。則天幹亦何不可憑耶。噫嘻。爲此言者。殆不知天象耳。

道一山房主人沚雲氏曰。荼香室四鈔謂八字之說最不可信。自天地開闢至今。究不知爲若干歲。則安知今年爲某甲子也。年不可信。則日月亦不可信。據此、則幹枝八字完全無據。前案引用演紀太初造歷證明甲子入歷之始。並涉及天象昭垂。辭似有所窮。竊以爲天地開闢之年、雖不可知。而甲子之年、仍能確定。亦猶今之天文家、雖不知太陽之起原。宇宙之邊際。而行星之遲速。恆星之遠近。仍能推測也。因六十花甲乃排比有序之連環性。而非任意先後之單獨性。例如承認今年爲巳巳。則必承認明年爲庚午。去年爲戊辰。承認今年爲甲子。則必承認明年爲乙丑。去年爲癸亥。斷不可認今年爲巳巳。而認巳巳之前一年爲乙丑巳巳之後一年爲癸亥也。譬如音樂中之音階。雖可互爲D、L、M、F。然以L爲D、則必以M爲L。如以M爲D、則必以F爲L。其結果則無論C調E調。高者相比而仍高。低者相比而仍低。猶之人生年月日時之幹枝。依次排比。有情者仍屬有情。無情者仍屬無情。如某生於子年辰月。若係甲子年。則必爲戊辰月。若係丙子年。則必爲壬辰月。甲戊固相尅。而丙壬又相尅。匪爲甲子丙子年之辰月相尅。即甲寅、丙寅、甲辰、丙辰、甲午、丙午、甲申、丙申年之辰月。無不相尅。反之若生於戊子年。則必爲丙辰月。若生於壬子年。則必爲甲辰月。丙戊固相生。而壬甲亦相生。即逢戊逢壬之辰月。無一不相生。故能明瞭幹枝生剋有定數。有定位。能明瞭六十花甲互相連環排比有序。則雖不知天地開闢之年。而確定甲子亦無不可也。

述卜筮星相學卷五終

受業　丹徒張頤壽延　江都田德明覲仙　同校

鎮江袁樹珊纂述

卜筮星相學與國家之關係

西伯卜得太公望

史記齊太公世家云、西伯將出獵、卜之曰、所獲非龍非彲、非虎非羆、所獲霸王之輔、於是周西伯獵、果遇太公於渭之陽、與語大悅、曰、自吾先君太公曰、當有聖人適周、周以興、子眞是耶、吾太公望子久矣、故號之曰太公望、載與俱歸、立爲師、

周內史爲陳侯筮遇觀之否曰是謂觀國之光利用賓于王

左傳莊公云、初、懿氏卜妻敬仲、（懿氏、陳大夫、龜曰卜、○妻去聲、）其妻占之曰吉、（懿氏妻、）是謂鳳皇于飛、和鳴鏘鏘、（雄曰鳳、雌曰皇、雄雌俱飛、相和而鳴、鏘鏘然、猶敬仲夫妻相隨適齊、有聲譽、）有嬀之後、將育于姜、（嬀、陳姓、姜、齊姓、）五世其昌、竝于正卿、八世之後、莫之與京、（京、大也、）陳厲公、蔡出也、（姊妹之子曰出、）故蔡人殺五父而立之、（五父、陳佗也、殺陳佗在桓六年、）生敬仲、其少也、周史有以周易見陳

侯者。周太史也、陳侯使筮之。蓍曰筮、遇觀䷓坤下、巽上、觀、○觀古亂反、下皆同之否䷋坤下、乾上、否、觀六四爻變而爲否、曰是謂觀國之光利用賓于王。此周易觀卦六四爻辭、易之爲書、六爻皆有變象、又有互體、聖人隨其義而論之、此其代陳有國乎。不在此其在異國。非此其身在其子孫。光遠而自他有耀者也。坤、土也。巽、風也。乾、天也。風爲天於土上山也。巽變爲乾、故曰風爲天、自二至四、有艮象、艮爲山、有山之材而照之以天光。於是乎居土上。山則材之所生、上有乾、下有坤、故言居土上、照之以天光、故曰觀國之光。利用賓于王。四爲諸侯、變而之乾、有國朝王之象、○按利用賓于王五字衍、庭實旅百。奉之以玉帛。天地之美具焉。故曰利用賓于王。艮爲門庭、乾爲金玉、坤爲布帛、諸侯朝王、陳贄幣之象、旅、陳也、百、言物備、○猶有觀焉。故曰其在後乎。因觀文以博占、故言猶有觀、非在已之言、故知在子孫、風行而著於土。故曰其在異國乎。若在異國。必姜姓也。姜大嶽之後也。姜姓之先、爲堯四嶽、○著、直略反山嶽則配天。物莫能兩大。陳衰此其昌乎。變而象艮、故知當興於大嶽之後、得大嶽之權、則有配天之大功、故知陳必衰、

史蘇爲晉獻公筮嫁伯姬於秦遇歸妹之睽曰不吉

左傳僖公云。初晉獻公筮嫁伯姬於秦。遇歸妹䷵兌下、震上、歸妹、之睽。䷥兌下離上、睽、歸妹、上六變而爲睽、○睽苦圭反史蘇占之曰不吉。其繇曰。士刲羊。亦無衁也。女承筐亦

無貺也。周易歸妹上六爻辭也、衁、血也、貺、賜也、刲羊士之功、承筐女之職、上六無應、所求不獲、故下刲無血、上承無實、不吉之象也、離爲中女、震爲長男、故稱士女、○繇音胄、刲苦圭反、衁、音荒、西鄰責言不可償也。將嫁女於西、而遇不吉之卦、故知有責讓之言、不可報償、歸妹之睽猶無相也。歸妹、女嫁之卦、睽乖離之象、故曰無相、相、助也、震之離、亦離之震。二卦變而氣相通、爲雷爲火爲嬴敗姬。嬴、秦姓、姬、晉姓、震爲雷、離爲火、火動熾而害其母、女嫁反害其家之象、故曰爲嬴敗姬、車說其輹。火焚其旗。不利行師。敗于宗丘。輹、車下縛也、丘、猶邑也、震爲車、離爲火、上六爻在震、則無應、故車說輹、在離則失位、故火焚旗、言皆失車火之用也、車敗旗焚、故不利行師、火還害母、故敗不出國、近在宗邑、○孔疏、子夏易傳云、輹、車下伏兔也、今人謂之車屐、形如伏兔、以繩縛于軸、因名縛也、說、音脫、輹、音福、○○歸妹睽孤。寇張之弧。此睽上九爻辭也、處睽之極、故曰睽孤、失位孤絕、故遇寇難、而有弓矢之警、皆不吉之象、姪其從姑。震爲木、離爲火、火從木生、離爲震妹、於火爲姑、謂我姪者、我謂之姑、謂子圉質秦、六年其逋逃歸其國而弃其家。逋、亡也、家、謂子圉婦懷嬴、明年其死於高梁之虛。惠公死之明年、文公入、殺懷公于高梁、高梁、晉地、在平陽楊氏縣西南、凡筮者用周易、則其象可推、非此而往、則臨時占者、或取於象、或取於氣、或取於時日王相、以成其占、若盡附會以爻象、則構虛而不經、故畧言其歸趣、他皆放此、○虛、去魚反、○今山西臨汾縣有梁墟、王相、並去聲、及惠公在秦。曰先君若從史蘇之占吾不及此夫。

孔子善卜預言魯必克越

王充論衡卜筮篇云。魯將伐越。筮之得鼎折足。子貢占之以爲凶。何則、鼎而折足。行用足。故謂之凶。孔子占之以爲吉。曰越人水居。行用舟。不用足。

故謂之吉。魯伐越。果克之。

梁丘賀之卜竟免宣帝之危

漢書梁丘賀傳云。賀字長翁、琅邪諸人也、以能心計、爲武騎從大中大夫。京房受易房者、淄川楊何弟子也房出爲齊郡太守。賀更事田王孫宣帝時聞京房爲易明。求其門人、得賀。賀時爲都司空令坐事論免爲庶人待詔黃門數入說教侍中。以召賀。賀入說。上善之。以賀爲郎。會八月、飲酎行祠孝昭廟。先敺旄頭劍挺墮墜。首垂泥中刃向乘輿車。馬驚。于是召賀筮之、有兵謀。不吉。上還。使有司侍祠。是時霍氏外孫、代郡太守任宣坐謀反誅。宣子章、爲公車丞。亡在渭城界中夜元服入廟。居郎間。執戟立廟門待上至。欲爲逆。發覺伏誅。故事上常夜入廟其後待明而入自此始也。賀以筮有應。繇是近幸爲大中大夫、給事中、至少府。

程惟象預卜宋英宗而得賜書

婺源縣志云。程惟象以占算游京師。言人貴賤禍福、若神。英宗潛邸時。惟象預言其兆。既貴。得御賜書。王荊公贈詩云。占見地靈非卜筮。算知人貴因陶漁。梅聖俞之屬皆有詩送之。故老猶見其家有御書。

陳梅湖卜諫元世祖朝臣咸敬之

江寧府志云。陳梅湖善皇極數。受知於元世祖。凡遇推卜。多以易數諷諫。朝臣咸敬之。官至江西宣慰副使。或問何不爲諸子計。曰。吾數非其所當傳。且命貧賤。令其粗知農事足矣。

趙延義善述數術周太祖聞其言免誅蘇劉二族

五代史雜傳云。趙延義。字子英。秦州人也。曾祖省躬。通術數。避亂于蜀。父温珪。事蜀王建。爲司天監。每爲占吉凶。小不中。輒加詰責。臨卒。戒其子孫曰。數術吾世業。然吾仕亂國。得罪而幾死者數矣。子孫能以他道仕進者。不必爲也。延義少亦以此仕蜀。爲司天監。蜀亡。仕唐爲星官。延義兼通三式。頗善相人。契丹滅晉。延義隨虜至鎮州。李筠、白再榮謀逐麻答歸漢。猶豫未決。延義假述數術。贊成之。周太祖自魏以兵入京師。召延義問漢祚短促者、天數耶。延義言王者撫天下。當以仁恩德澤。而漢法深酷。刑法枉濫。天下稱寃。此其所以亡也。是時太祖方以兵圍蘇逢吉、劉銖第。欲誅其族。聞延義言。悚然因貸其族。二家獲全。延義事周。爲太府卿判司天監。以疾卒。

管輅卜諫吏部尚書何晏須小心翼翼

魏志方技管輅傳云。正始九年十二月二十八日。吏部尚書何晏。請之鄧颺在晏許。晏謂輅曰。聞君著爻神妙。試爲作一卦。知位當至三公否。又問連夢見青蠅數十頭。來在鼻上。驅之不肯去。有何意故。輅曰夫飛鴞天下賤鳥。及其在林食椹。則懷我好音。況輅心非草木。敢不盡忠。昔元凱之弼重華。宣慈惠和。周公之翼成王。坐而待旦。故能流光六合。萬國咸寧。此乃履道休應。非卜筮之所明也。今君侯位重山岳。勢若雷電。而懷德者鮮。畏威者衆。殆非小心翼翼。多福之仁。又鼻者艮。此天中之山。高而不危。所以長守貴。今青蠅臭惡而集之焉。位峻者顛。輕豪者亡。不可不思害盈之數。

盛衰之期。是故山在地中曰謙。雷在天上曰壯。謙則裒多益寡。壯則非禮不履。未有損已而不光大。行非而不傷敗。願君侯上追文王六爻之旨。下思尼父彖象之義。然後三公可決。青蠅可驅也。颺曰。此老生之常譚。輅答曰。夫老生者見不生。常譚者見不譚。晏曰。過歲更當相見。輅還邑舍。具以此言語舅氏。舅氏責輅言太切至。輅曰。與死人語。何所畏邪。舅大怒。謂輅狂悖。歲朝。西北大風。塵埃蔽天。十餘日。聞晏颺皆誅。然後舅氏乃服。

公沙穆卜諫繒侯劉敞毋違越法度

東漢書方術傳云。公沙穆、字文乂、北海膠東人也。家貧賤。自爲兒童。不好戲弄。長習韓詩、公羊春秋。尤銳思河洛推步之術。後舉孝廉。以高第爲主事。遷繒相。時繒侯劉敞、東海恭王之後也。所爲多不法。廢嫡立庶。傲很放恣。穆到官。謁曰。臣始除之日。京師咸謂臣曰。繒有惡侯。以弔小相。明侯何因得此醜聲之甚也。幸承先人之支體。傳茅土之重。不戰戰兢兢。而違越法度。故朝廷使臣爲輔。願改往修來。自求多福。乃上沒敞所侵官民田地。

廢其庶子。還立嫡嗣。其蒼頭兒客犯法。皆收考之。因苦辭諫。歔欷涕泣爲謝。多從其所規。遷弘農令。縣界有螟蟲食稼。百姓惶懼。穆乃設壇。謝曰。百姓有過。罪穆之由。請以身禱。於是暴雨。既霽而螟蟲自銷。百姓稱曰神明。永壽元年。霖雨大水。三輔以東。莫不湮沒。穆明曉占候。乃豫告令百姓徙居高地。故弘農人獨得免害。遷遼東屬國都尉。善得吏人歡心。年六十六卒官。六子皆知名。

諸葛亮預卜雒城之役多凶少吉

圖書集成引諸葛丞相集云。諸葛亮上先主書有云。亮算太乙數。今年歲次癸巳。罡星在西方。又觀乾象。太白臨於雒城之分。主於將帥。多凶少吉。按太乙飛鈐云。先主自涪攻雒城。亮遺馬良上先主書。已而軍師龐統中流矢死。

邵堯夫聞鳥聲預言蒼生無寧歲

宋朱弁曲洧舊聞云。堯夫傳易學。尤精於數。居洛中。昭陵末年。聞鳥聲。驚

曰此越鳥也孰爲而來哉因以易占之謂人曰後二十年有一南方人作宰相自此蒼生無甯歲君等誌之

裴晉公聞相字者言預知巳酉日破賊

圖書集成引指明心法云裴晉公征吳元濟掘地得一石有字云雞未肥酒未熟相字者解曰雞未肥無肉也爲巳酒未熟無水也酒去水爲酉破賊在巳酉乎果然

守信發明天赦日上慶日不可斷極刑

宋史方技傳云守信少習父業補司天曆算尋授江安縣主簿改司天臺主簿知算造太平興國中以應天曆小差詔與冬官正吳昭棐主簿劉內眞造新曆及成太宗命衛尉少卿元象宗與明律曆者同校定賜號乾元曆頗爲精密皆優賜束帛雍熙中遷冬官正端拱初改太子洗馬判司天監淳化二年守信上言正月一日爲一歲之首每月八日天帝下巡人世察善惡太歲日爲歲星之精人君之象三元日上元天官中元地官下元

水官各主錄人之善惡。又春戊寅、夏甲午、秋戊申、冬甲子、爲天赦日。及上慶誕日。皆不可以斷極刑事。下有司議行。未幾轉殿中丞。權少監事。立本品之下。俄賜金紫。

張南軒論朱晦翁之命官多祿少

太平清話云。張南軒知星命。乃判朱晦翁官多祿少四字。晦翁點首云。老漢生平辭官文字甚多。

韓慥爲曾仲躬侍郎呂伯恭太師推命其言俱驗

周密齊東野語云。紹興末、有韓慥者。賣卜於臨安之三橋。多奇中。庚辰春、曾侍郎仲躬。呂太師伯恭至其肆。則先一人在焉。問其姓、宗子也。次第諸命。首言趙可至郡守。却多貴子。不達者亦卿郎。次及曾。則曰命甚佳。有家世。有文學。有政事。亦有官職。只欠一事。終身無科第。次至呂。問何幹至此。呂曰。赴試。曰去年不合發解。今安得省試。曰赴詞科。曰却是詞科中人。但不在今年。詞科別有人矣。後三年、兩試皆得之。且不失甲科。復叩其所至。

沉吟久之。曰、名滿天下。可惜無福。已而其言皆驗。

顧鳳威推命論人身後榮辱亦命中註定

寄蝸殘贅云。餘姚顧鳳威、於市上、買得抄本書一帙。乃算命訣也。後云、萬歷六年。零陽道人手錄。得於嵩山僧者。顧朝夕推究。竟得不傳之秘。所談無不奇驗。曾云、人生富貴貧賤。悉由於命。卽身後榮辱。亦命中所註。世人羣尊關帝。設於在曹之日。或遇害。或病歿。後人誰亮其心。烏知其忠肝義膽。冠絕古今哉。至秦檜之惡。萬世唾駡。然上書二帥。千餘言。慷慨激烈。必欲立趙氏之後。卽令李若水輩執筆爲之。亦不過如此。設當時觸怒被殺。得不指爲宋室忠臣乎。關帝不死於曹。以成其忠。秦檜不死於金。以成其奸。命中早定。人自不知耳。其持論可謂奇闢。後至常州。推劉文定命造。躊躇再四。似不能解。劉詢其故。曰、異哉。子造也。當以翰林入仕。官至一品。然細較生平。竟無科第之分。殆不由舉人、進士出身乎。後果以博學鴻詞。授編修。官至大學士。其言始驗。顧歿後。其書不傳。

又云。海鹽朱朶山殿撰官戶部小京官時。纔年二十餘。自負才華。目空一世。遇術人林某推其庚造。曰此鼎甲命也。朱曰、是第一人否。若榜探、則非所願也。林決爲大魁。但終身官階祇五六品耳。朱曰、莫非壽不永乎。林曰壽可七十外。君記吾言。當載白頂五回。朱意甚不然。後由小京官、陞主事。第一回也。傳臚後授職修撰。第二回也。因案革職後、捐復主事。第三回也。由給事中、降授署正。第四回也。廢員開列、以主事用。第五回也。較其生平。與術者所言。眞絲毫不爽。後至七十餘而歿。錢塘許文恪、亦由拔貢、官小京官。中丞楊某謂曰。君命相皆極貴。取號滇生。非生於雲南乎。甚可惜矣。若生原籍。狀元宰相也。今則榜眼尚書而已。是時文恪尚未鄉舉。聞言過望。後果以第二人及第。三官尚書而卒。命運之說。竟有之乎。世之躁進妄求。日以心力相鬬者。當亦廢然返矣。

某道士論命謂人之窮達必須安命至國計民生之利害則不可言命

紀文達公閱微草堂筆記云。制府李公衛、未達時。嘗同一道士渡江。適有與舟子爭詬者。道士太息曰。命在須臾。尙計較數文錢耶。俄其人爲帆脚所掃。墮江死。李公心異之。中流風作。舟欲覆。道士禹步誦咒。風止得濟。李公再拜謝更生。道士曰、適墮江者、命也。吾不能救。公貴人也、阨遇得濟、亦命也。吾不能不救。何謝焉。李公又拜曰。頷師此訓。吾終身安命矣。道士曰、是不盡然。一身之窮達。當安命。不安命則奔兢排軋。無所不至。不知李林甫、秦檜、卽不傾陷善類。亦作宰相。徒自增罪案耳。至國計民生之利害。則不可言命。天地之生才。朝廷之設官。所以補救氣數也。身握事權。束手而委命。天地何必生此才。朝廷何必設此官乎。晨門曰。是知其不可而爲之。諸葛武侯曰。鞠躬盡瘁。死而後已。成敗利鈍。非所逆睹。此聖賢立命之學。公其識之。李公謹受教。拜問姓名。道士曰、言之恐公駭。下舟行數十步。翳然滅迹。

子上相商臣謂爲蠭目豺聲忍人也

左傳文公曰。初、楚子將以商臣爲大子。訪諸令尹子上。子上曰、君之齒未也。齒、年也。言尚少。而又多愛。黜乃亂也。楚國之舉。恆在少者。舉、立也。且是人也、蠭目而豺聲。忍人也。能忍行不義。不可立也。弗聽。

王孫說相叔孫僑如方上銳下宜觸冒人

國語云。簡王八年。魯成公來朝。使叔孫僑如先聘且告。使僑如先修聘禮、且告周、以成公將朝也。見王孫說、與之語。說、周大夫也。說言於王曰。魯叔孫之來也。必有異焉。其享覲之幣薄、而言諂。殆請之也。若請之。必欲賜也。魯執政唯強。故不歡焉而後遣之。魯執政之人、畏其強禦、難拒其欲、故不歡悅、而後遣之、且其狀方上而銳下。宜觸冒人。王其勿賜。

某相士預言班超當萬里封侯

後漢書班超傳云。班超、字仲升、扶風平陵人。徐令彪之少子也。爲人有大志。不修細節。然內孝謹。居家常執勤苦。不恥勞辱。有口辯、而涉獵書傳。永平五年。兄固、被召詣校書郎。超與母隨至洛陽。家貧。常爲官傭書以供養。久勞苦。嘗輟業投筆歎曰。大丈夫無它志略。猶當效傅介子、張騫、立功異域。以取封侯。安能久事筆研間乎。左右皆笑之。超曰、小子安知壯士志哉。其後行詣相者。曰、祭酒布衣諸生耳。而當封侯萬里之外。超問其狀。相者指曰、生燕頷虎頸。飛而食肉。此萬里侯相也。（太平御覽引東觀漢記所載本此）

諸葛亮相人驚脫曹公所遣之刺客

武侯故事云。曹公遣刺客見劉備。方得交接。門論伐魏形勢。甚合備計。稍欲親近。刺者尙未得便。會既而亮入。魏客神色失措。亮因而察之。亦知非常人。須臾客入廁。備謂亮曰。向得奇士。足以助君更益。亮問所在。備曰起者其人也。亮徐歎曰。觀客色動而神躍。視低而忤數。奸形外漏。邪心內藏。必曹氏刺客也。追之。已越牆而走。

妙應方善相人一言免宋高宗車駕之危

揚州府志云。妙應方善相。名聞天下。高宗駐維揚。應方館於張浚家。一日自外歸語浚。適見城中人有死氣十七八。必金兵將至之兆。宜勸上南渡。浚素神其術。即入奏。上欲留元夜觀燈、未決。俄粘罕寇至。車駕亟行。城中死者無數。

內史叔服論相穀也豐下必有後於魯國

左傳云。文公元年春。王使內史叔服來會葬。公孫敖聞其能相人也。見其二子焉。叔服曰。穀也食子。難也收子。穀也豐下。必有後於魯國。公孫敖魯大夫慶父之子。穀、文伯。難、惠叔。食子、奉祭祀供養者也。收子、葬子身也。豐下、蓋面方。見八年公孫敖奔莒傳。

朱建平善相效驗非一

魏志方技傳云。朱建平、沛國人也。善相術。於閭巷之間。效驗非一。太祖爲魏公。聞之。召爲郎。文帝爲五官將。坐上會客三十餘人。文帝問已年壽。又令徧相衆賓。建平曰。將軍當壽八十。至四十時。當有小厄。願謹護之。謂夏侯威曰。君四十九位爲州牧。而當有厄。厄若得過。可年至七十。致位公輔。謂應璩曰。君六十二。位爲常伯。而當有厄。先此一年。當獨見一白狗。而旁人不見也。謂曹彪曰。君據藩國。至五十七。當厄於兵。宜善防之。初潁川荀攸、鍾繇相與親善。攸先亡。子幼。繇經紀其門戶。欲嫁其妾。與人書曰。吾與公達曾共使朱建平相。建平曰、荀君雖少。然當以後事付鍾君。吾時啁之曰、惟當嫁卿阿鶩耳。何意此子竟早隕沒。戲言遂驗乎。今欲嫁阿鶩、使得善處。追思建平之妙。雖唐舉、許負、何以復加也。文帝黃初七年。年四十。病困。謂左右曰。建平所言八十。謂晝夜也。吾其決也。頃之果崩。夏侯威爲兗州刺史。年四十九。十二月上旬得疾。念建平之言。自分必死。豫作遺令及送喪之備。咸使素辦。至下旬轉差。垂以平復。三十日日昃。請紀綱大吏設酒曰。吾所苦漸平。明日雞鳴。年便五十。建平之戒。眞必過矣。威、罷客之後。合瞑。疾動。夜半遂卒。璩六十一、爲侍中直省內。欻見白狗。問之衆人。悉無見者。於是數聚會。并急游觀田里。飲宴自娛。過期一年。六十三卒。曹彪封楚王。年五十七。坐與王凌通謀。賜死。凡說此輩。無不如言。不能具詳。故粗記數事。建平、黃初中卒。

蕭注善相將相

宋史蕭注傳云。注有膽氣。而能相人。自陝西還。帝問注。韓絳爲安撫使。施

述卜筮星相學

設如何對曰廟算深遠臣不能窺然知絳當位極將相帝喜曰果如卿言絳必成功問王安石曰安石牛目虎顧視物如射意行直前敢當天下大事然不如絳絳得和氣爲多惟氣和能養萬物耳後皆如其言

袁珙相多奇中

明史方技傳云袁珙字廷玉鄞人高祖鏞宋季舉進士元兵至不屈舉家十七人皆死父士元翰林檢閱官珙生有異稟好學能詩嘗遊海外洛伽山遇異僧別古崖授以相人術先仰視皎日目盡眩布赤黑豆暗室中辨之又懸五色縷牕外映月別其色皆無訛然後相人其法以夜中燃兩炬視人形狀氣色而參以所生年月百無一謬珙在元時已有名所相士大夫數十百其於死生禍福遲速大小幷刻時日無不奇中南臺大夫普化帖木兒由閩海道見珙珙曰公神氣嚴肅舉動風生大貴驗也但印堂司空有赤氣到官一百十四日當奪印然守正秉忠名垂後世願自勉普署臺事於越果爲張士誠逼取印綬抗節死見江西憲副程徐曰君帝坐上

黃紫再見。千日內有二美除。但冷笑無情。非忠節相也。徐於一年後、拜兵部侍郎、擢尚書。又二年降明。爲吏部侍郎。嘗相陶凱曰、君五岳朝揖。而氣色未開。五星分明。而光澤未見。宜藏器待時。不十年以文進、爲異代臣。官二品。其在荆揚間乎。凱後爲禮部尚書、湖廣行省參政。其精類如此。珙相人卽知人心術善惡。人不畏義而畏禍患。往往因其不善、導之爲善。從而改行者甚多。爲人孝友端厚。待族黨有恩。所居鄞城西。遶舍種柳。自號柳莊居士。有柳莊集。永樂八年卒。年七十有六。

裴晉公信仰相士之言竟平淮西

康駢劇談錄云。裴晉公微時。羈寓洛中。常乘蹇驢入皇城。方上天津橋時。淮西不庭。已數年矣。有二老人傍橋柱而立語云、蔡州用兵日久。徵發甚困於人。未知何時得平定。忽覩裴公。驚愕而退。有僕者携書囊後行。相去稍遠。聞老人云。適憂蔡州未平。須待此人爲將。既歸。僕者具述其事。裴公曰。見我龍鍾相戲耳。其秋。東府鄉薦。明年登第。及秉鈞衡。朝廷議授吳元濟節鉞。既而延英候對。憲皇以問宰臣。裴公奏曰。奸臣跋扈。四十餘年。聖朝姑務含容。蓋慮動傷。一境。未聞歸心効順。乃坐據一方。若以旄鉞授之。恐悉其兇逆。以陛下聰明神武。藩鎮皆願勤王。臣請一詔。追兵可以平蕩妖孽。於是命晉公爲淮西節度使。興師致討。時陳許汴滑三帥、先於偃城縣屯軍。晉公統精甲五萬。會之。受律鼓行而進。直造蔡州城下。纔兩月擒賊以獻。淮西既平。後入朝居廊廟。六年拜正司徒。爲侍中中書令。儒風武德。振耀古今。洎留守洛師。每話天津橋老人之事。

伍子胥使術士造築大城

吳越春秋云。子胥乃使術士。嘗水象天。法地造築大城。周廻四十七里。陸門八、以象天八風。水門八、以法地八聰。築小城。周十里。陵門三。不開東面者。欲以絕越明也。立閶門者、以象天門通閶闔風也。立蛇門者、以象地戶也。闔閭欲西破楚。楚在西北。故立閶門、以通天氣。因復名之破楚門。欲東幷大越。越在東南。故立蛇門、以制敵國。吳在辰、其位龍也。故小城南門上反羽為兩鯢鱙。以象龍角。越在已地、其位蛇也。故南大門上有木蛇。北向首內。示越屬於吳也。

范蠡築城特缺西北

吳越春秋云。於是范蠡乃觀天文。擬法於紫宮。築作小城。周千一百二十一步。一圓三方。西北立龍飛翼之樓。以象天門。東南伏漏石竇。以象地戶。陵門四達。以象八風。外郭築城而缺西北。示服事吳也。不敢壅塞。內以取吳。故缺西北。而吳不知也。北向稱臣。委命吳國。左右易處。不得其位。明臣屬也。城既成。而怪山自生者。瑯琊東武海中山也。一夕自來。故名怪山。范蠡曰、臣之築城其應天矣。崑崙之象存焉。

戴洋論武昌政可圖始不可居終

晉書戴洋傳云。洋言於亮曰。武昌土地有山無林。政可圖始。不可居終。山作八字。數不及九。昔吳用壬寅來上。創立宮城。至己酉還下秣陵。陶公亦涉八年。土地盛衰有數。人心去就有期。不可移也。公宜更擇吉處。武昌不可久住。按、亮庚亮。

卜筮星相學與社會之關係

司馬季主之卜可以教忠教孝教慈並可愈病救死免患成事而與嫁子娶婦亦多裨益

史記日者傳云。司馬季主者。楚人也。卜於長安東市。宋忠爲中大夫。賈誼爲博士。同日俱出洗沐。相從論議。誦易先王聖人之道術。究徧人情。相視而歎。賈誼曰。吾聞古之聖人。不居朝廷。必在卜醫之中。今吾已見三公九卿。朝士大夫。皆可知矣。試之卜數中以觀采。二人即同輿而之市。游於卜肆中。天新雨。道少人。司馬季主閒坐。弟子三四人侍。方辯天地之道。日月之運。陰陽吉凶之本。二大夫再拜謁。司馬季主視其狀貌。如類有知者。即禮之。使弟子延之坐。坐定。司馬季主復理前語。分別天地之終始。日月星辰之紀。差次仁義之際。列吉凶之符。語數千言。莫不順理。宋忠賈誼瞿然而悟。獵纓正襟危坐。曰、吾望先生之狀。聽先生之辭。小子竊觀於世。未嘗見也。今何居之卑。何行之汙。司馬季主捧腹大笑曰。觀大夫類有道術者。今何言之陋也。何辭之野也。今夫子所賢者何也。所高者誰也。今何以卑汙長者。二君曰、尊官厚祿。世之所高也。賢者處之。今所處非其地。故謂之卑。言不信。行不驗。取不當。故謂之汙。夫卜筮者。世俗之所賤簡也。世皆言曰、夫卜者多言誇嚴以得人情。虛高人祿命以說人志。擅言禍福以傷人心。矯言鬼神以盡人財。厚求拜謝以私於已。此吾之所恥。故謂之卑汙也。司馬季主曰、公且安坐。公見夫被髮童子乎。日月照之則行。不照則止。問之日月疵瑕吉凶。則不能理。由是觀之。能知別賢與不肖者寡矣。賢之行也、直道以正諫。三諫不聽則退。其譽人也、不望其報。惡人也、不顧其怨。以便國家利衆爲務。故官非其任不處也。祿非其功不受也。見人有汙。雖尊不下也。得不爲喜。去不爲恨。非其罪也。雖累辱而不愧也。今公所賢者、皆可爲羞矣。卑疵而前。孅趨而言。相引以勢。相導以利。比周賓正。以求尊譽。以受公奉。事私利。枉王法。獵農民。以官爲威。以法爲機。求利逆暴。譬無異於操白刃殺人者也。初試官時。倍力為巧詐。飾虛功。執空文以調主上。用居上為右。試官不讓賢。陳功見偽。增實以無為有。以少為多。以求便勢尊位。食飲驅馳。從姬歌兒。不顧於親。犯法害民。虛公家。此夫為盜不操矛弧者也。攻而不用弦刃者也。欺父母。未有罪而弒君。未伐者也。何以為高賢才乎。盜賊發不能禁。夷貊不服不能攝。姦邪起不能塞。官耗亂不能治。四時不和不能調。歲穀不熟不能適。才賢不為。是不忠也。才不賢而託官位。利上奉。妨賢者處。是竊位也。有人者進。有財者禮。是為偽也。子獨不見鴟梟之與鳳皇翔乎。蘭芷芎藭。棄於廣野。蒿蕭成林。使君子退而不顯衆。公等是也。述而不作。君子義也。

司馬季主曰。且夫卜筮者。掃除設坐。正其冠帶。然後乃言事。此有禮也。言而鬼神或以饗。忠臣以事其上。孝子以養其親。慈父以畜其子。此有德者也。而以義置數十百錢。病者或以愈。且死或以生。患或以免。事或以成。嫁子娶婦。或以養生。此之為德。豈直數十百錢哉。此夫老子所謂上德不德。

是以有德。今夫卜筮者、利大而謝少。老子之云。豈異於是乎。
又曰。今夫卜者導惑教愚也。夫愚惑之人。豈能以一言而知之哉。言不厭多。故騏驥不能與罷驢爲駟。而鳳皇不與燕雀爲羣。而賢者亦不與不肖者同列。故君子處卑隱以辟衆。自匿以辟倫。微見德順。以除羣害。以明天性。助上養下。多其功利。不求尊譽。公之等喁喁者也。何知長者之道乎。
諸葛丞相集司馬季主墓碑云。玄漠太寂。混合陰陽。天地交泮。萬品滋彰。先生理著。分別柔剛。鬼神以觀。六度顯明。一本泮作判、明作名
武威張澍介侯按、眞誥云、司馬季主墓、在成都升盤山之南。諸葛武侯、昔建碑銘、誌於季主墓前。碑讚末云云。是此碑文不傳。僅存銘詞數語也。

管輅之卜可爲女鬼鳴寃

魏志方伎傳云。管輅字公明、平原人也。容貌粗醜。無威儀。而嗜酒。飲食言戲。不擇非類。故人多愛之而不敬也。父爲利漕。利漕民郭恩、兄弟三人皆

得躄疾。使輅筮其所由。輅曰、卦中有君本墓。墓中有女鬼。非君伯母。當叔母也。昔饑荒之世。當有利其數升米者。排著井中。嘖嘖有聲。推一大石下破其頭。孤魂寃痛。自訴於天。於是恩涕泣服罪。

管輅之卜可愈婦女頭痛及胸腹痛

又云。時信都令家婦女驚恐。更互疾病。使輅筮之。輅曰、君此堂西頭、有兩死男子。一男持矛。一男持弓箭。頭在壁內。脚在壁外。持矛者主刺頭。故頭重痛。不能舉也。持弓箭者主射胸腹。故心中縣痛。不得飲食也。晝則浮游。夜來病人。故使驚恐也。於是掘徙骸骨。家中皆愈。

管輅之卜可以辨眞僞救人命

又云。輅至安德令、劉長仁家。有鳴鵲來在閣屋上。其聲甚急。輅曰、鵲言東北有婦。昨殺夫。牽引西家人夫離婁。候不過日在虞淵之際。告者至矣。到時。果有東北同伍民來告。鄰婦手殺其夫。詐言西家人與夫有嫌。來殺我婿。

苻融居官善卜不枉殺人

晉書苻融載記云。京兆人董豐游學三年而返。過宿妻家。是夜妻為賊所殺。妻兄疑豐殺之。送豐有司。豐不堪楚掠。誣引殺妻。融察而異之。問曰、汝行往還。頗有怪異。及卜筮與否。豐曰、初將發。夜夢乘馬南渡水。反而北渡。復自北而南。馬停水中。鞭策不去。俯而視之。見兩日在於水下。馬左白而濕。右黑而燥。寤而心悸。竊以為不祥。還之夜。復夢如初。問之筮者。筮者云憂獄訟。遠三枕。避三沐。既至。妻為具沐。夜授豐枕。豐記筮者之言。皆不從之。妻乃自沐。枕枕而寢。融曰、吾知之矣。周易坎為水。離為馬。夢乘馬南渡。旋北而南者。從坎之離。三爻同變。變而成離。離為中女。坎為中男。兩日二夫之象。坎為執法吏。吏詰其夫。婦人被流血而死。坎二陰一陽。離二陽一陰。相乘易位。離下坎上。既濟。文王遇之囚羑里。有禮而生。無禮而死。馬左而濕。濕水也。左水右馬。馮字也。兩日昌字也。其馮昌殺之乎。於是推檢獲昌而詰之。昌具首服。曰本與其妻謀殺董豐。期以新沐枕枕為驗。是以誤

中婦人

楊伯醜之卜使人不逐婦不爲仇殺

隋書藝術傳云楊伯醜、馮翊武鄉人也好讀易隱於華山開皇初、被徵入朝見公卿不爲禮無貴賤皆汝之人不能測也高祖召與語竟無所答上賜之衣服至朝堂捨之而去於是被髮佯狂遊行市里形體垢穢未嘗櫛沐嘗有張永樂者賣卜京師伯醜每從之遊永樂爲卦有不能決者伯醜輒爲分析爻象尋幽入微永樂嗟服自以爲非所及也伯醜亦開肆賣卜有人常失子就伯醜筮者卦成伯醜曰、汝子在懷遠坊、南間道、東北壁上、有靑羣女子抱之可往取也如言果得或者有金數兩夫妻共藏之於後失金其夫意妻有異志將逐之其妻稱寃以詣伯醜、爲筮之曰、金在矣悉呼其家人指一人曰可取金來其人赧然應聲而取之道士章知常詣伯醜問吉凶伯醜曰、汝勿東北行必不得已當早還不然者、楊素斬汝頭未幾上令知常事漢王諒俄而上崩諒舉兵反知常逃歸京師知常先與楊素有隙。及素平并州。先訪知常將斬之。賴此獲免。又人有失馬來詣伯醜卜者。時伯醜爲皇太子所召。在途遇之。立爲作卦。卦成、曰。我不遑爲卿占之。卿宜向西市東壁門南、第三店、爲我買魚作膾。當得馬矣。其人如此言。須臾。有一人牽所失馬而至。遂擒之。崖州嘗獻徑寸珠。其使者陰易之。上心疑焉。召伯醜令筮。伯醜曰、有物出自水中。質圓而色光。是大珠也。今爲人所隱。具言隱者姓名容狀。上如言簿責之。果得本珠。上奇之。賜帛二十匹。國子祭酒何妥嘗詣之論易。聞妥之言。倏然而笑曰。何用鄭玄王弼之言乎。久之。微有辯答。所說辭義、皆異先儒之旨。而思理玄妙。故論者以爲天然獨得。非常人所及也。竟以壽終。

王子貞之卜能愈目疾

太平廣記云。唐貞觀中、定州鼓城縣人魏全家富、母忽然失明。問卜者王子貞。子貞爲卜之。曰。明年有從東來青衣者。三月一日來。療必愈。至時候見一人着青紬襦。遂邀爲重設飲食。其人曰。僕不解醫。但解作犂耳。爲主

人作之乃持斧繞舍求犂轅見桑曲枝臨井上遂斫下其母兩眼煥然見物此曲枝葉蓋井之致也

梁翁之卜使人知數已前定而全戚

鹽官吳熾昌客窗閒話云海昌張端林父爲雲南尉卒於任端林迎父櫬歸道由湖廣米價甚廉以官囊所有糴八百石舟運入豫江值大風望船多處收泊至一村落四面皆河客舟環泊中有一大家高其閈閎厚其牆垣門前停舟更密端林登岸散步偶入酒肆沽飲獨酌聞人議論卜者梁翁知人過去未來事言休咎其應如響端林就客問之始知即大宅內之人遇異傳以大六壬著名問卜無須開口即知所事因此起家巨萬近以年老每日只賣十二課須黎明至其家與卦號者清錢百文課金一兩得列簿內則得卦遲則掛號不及即不得預人爭趨之有不遠千里而來候教者故門前舟常滿也端林亦起意問卜次日賫銀錢入其家門內設櫃掌櫃者係其親戚收儀登號及端林去十二數已滿強之增添則曰非翁

自主。不敢妄加也。乃持簿邀十二客入內。端林隨入觀之。登堂入室。室中陳設精雅。有老翁年近八旬。帶四品冠。據案上坐。前列牙籌一筒。兩旁設四小几。各具筆硯。其徒四人伺應書單。前後坐椅環列。客入。翁起讓坐。客各就位。掌櫃人開簿唱號。曰第一號某客請抽籌。客抽送翁前。翁觀籌。掐指謂其徒曰。某客得某時。因某事問課。主何吉凶。徒舉筆照錄。所斷皆合來意。無一爽者。十二課次第畢。客亦陸續退出。端林目注神凝。忘其進退。翁忽謂曰、遠客不及入號。老朽合送一課。以盡地主之誼。足下姓張。從滇南來耶。端林曰然。何以知之。翁曰、足下坐於離宮正時。屬午度値張星。我故知之。今日乙卯。三傳申酉戌。爲日之財官。値貴神虎常玄。夫白虎凶神同爻。爲有官之尊屬。舟中合有父棺。戌爲地獄。生前曾爲司獄之官。太常爲米麥。附酉金而兼連菇。當帶有稻米兩金重四。其八百石乎。寅申一冲。箕星動矣。明日寅時。轉西北風大順。末傳爲地足。與卯作合。應十二月之卯日到籍。其米不但不得價。且顆粒全無。緣財入玄武。耗散之手。盡化爲三傳之鬼矣。足下其愼之。端林得課回舟。果於五鼓得順風揚帆而進。於臘月二十六日巳卯。抵邑之王家橋。改歲之際、無暇安葬。泊舟處有姊夫陸某。米客也。借其閒地權厝父棺。因思米運入家。宗族强借可虞。不如近就姊家。以寄爲棧。端林奉母回城度歲。歲朝往賀姊家。叩關而入。其姊對之號泣、曰。爾姊夫虧客貨千餘金。上年爾所寄之米。被客强起去。姊夫無以對爾。今不知逭於何處。端林憶及粱翁之課。慨然曰、數已前定。果無可逃。姊毋惶急。忝在至親。米價不必計論矣。我尋訪姊夫歸家。可也。

馮淵之卜能捕盜

鎭江府志云。馮淵、字濟川、鑾江人。避地京口。精於占筮。洪武初、浙省齎白金解京。經郡境。爲盜刼。明太祖震怒。捕甚急。府衛官、巾服待罪。詣淵請卜。淵示所得易繇曰、犬吠月。滿地血。廿八人扶棺來。便是此時節。使捕者共伏京峴山松林中。以俟夜半月色滿江。村犬皆吠。俄聞山巔有哭聲。時盛暑。村甿乘夜涼。染絳色帛。聞哭、意爲竊葬人也。急超入戶避凶煞。偶觸絳盆覆地。赤水橫流如血。邏卒往、視其舁棺者果廿八人。遂悉就擒。斧其棺，白金見。所著有海底眠索隱。顧少聖有詩贈曰。賣卜生涯薄。輕身遠市朝。欲歸盤谷隱。不受小山招。

程省字卜決人動靜之疑

江陰程省以三測字秘牒云。一人書火字問出門與在家孰利。余曰、出門利。此字中間有開脚之人。自宜行動。若在家中有災害也。時旁一人卽指此字問曰、有一兒欲隨貴人上京。今在姑蘇、覓一兒作伴同行。利否。余曰、大利。問何故。曰火字疊見。乃炎字也。北方水鄉。此去有既濟之義。故利耳。其人曰、北方水旺。炎旁加水。乃淡字也。財氣不亦淡泊乎。余曰否。非此之論也。兩兒皆南人。南方是火地。跟官之人。勢必炎炎。而字中又有兩重火現。據理斷之。嫌其太過。所幸者遠遊北方水旺之鄉。得水制之。則火不猖狂。而兩相爲用矣。烏可忘其美、而反謂之淡泊也哉。其人復問二兒高下。余曰、二火、一上一下。自有高低。但子之兒高。彼之兒不及也。請厥理。曰、先一位以火字問事。已過乃退時之火。兄仍以火字問事。乃方興之火。以此較之。是以知此兄後來高于彼兄也。

程省字卜保全人之營業

又云。一人以公字問事。久不與斷。蓋先來者先測。而後至者次序應之。故不得即斷也。至臨測時。問之曰、何事。測曰、忘之矣。轉身即走。余曰、來。且勿行。爾非眞忘之也。不過因我之遲而生恚耳。其人請說。余曰、字雖公字。却有一團私心。況分字頭去字脚。汝必與人共事。今欲分頭而去也。其人曰、誠如所言。我與表兄合夥。開一銀店。將及三載。今欲分賬自開。不知吉凶何居。余曰、一言成訟。此話可謂難講矣。末筆更帶元武。其中必主小人刁唆。不日將見官司。宜止之。其人嘆服。後旬日復來測字。自言承指教。歸。竝不言及分賬之事。而表兄與我近甚相得。親許來歲分店各開矣。

鄒湛字卜澤及枯骨

周櫟園字觸云。鄒湛嘗夢一人來拜。自稱甄仲舒求葬。湛覺思之。瓦字合西土瓦中人也。乃往取。果得之。因厚葬焉。夜復夢其人拜謝。

珊按、觀於管輅之爲鬼鳴寃、鄒湛之澤及枯骨、吾益信司馬季主言而鬼神或以饗一語。爲不虛也。

諸暨夏氏爲人擇日造屋能避三十餘次火災

藝術筆記云、紹興諸暨縣之店口鎭。有陳氏之屋。每遇火災。而屋不毁。相傳國初有陳紫衣者。將建此屋。親至紹興城中。請夏姓卜日。夏視之。一田舍翁也。乃曰、請少待。爲君擇之。陳卽出銀十兩。爲謝。夏曰、既如此。請三日後來。陳知其以酬之多寡。爲選擇之精粗。乃以白金百兩。揖而進之曰、老朽一生辛苦。始有此舉。幸先生留意焉。夏曰、既如此。請一月後來。及期而往。則曰、日已選矣。幸勿稍有更動。陳謹如所敎。屋成而鎭上大火。前後左右。盡爲焦土。惟陳之新屋。巋然獨存。自是以後。歷三十餘次火災矣。至今陳氏猶世守之。而夏之子孫。亦尙以擇日爲業。

珊按、是篇極言夏氏擇日之神妙。惜未說明陳紫衣主命是何幹枝。正屋是何坐向及夏氏所擇年月日時幹枝何屬學者究難效法以管見測之屋成而鎮上大火前後左右盡爲焦土陳氏之新屋巋然獨存非八白到向、九紫到山而何耶後歷三十餘次火災而竟無恙非干逢庚壬枝會子申辰之造課而何耶至今陳氏猶世守之子孫勢必蕃衍非主命壬申坐向壬丙而何耶否則能避一次火災必不能避三十餘次之火災能避三十餘次之火災必不能世守三吉俱備庶幾似之無心道人有云生人以生下日時爲命造制以成器日時爲命夏氏所選之造命（又爲造課）吾不得而知之要亦不出此範圍耳（此條曾載入拙著選吉探原）

某術者推命使人父子團圓

陶宗儀輟耕錄云檇李郭宗夏嘗見建德路總管趙良臣言都下有李總管者官三品家巨富年逾五十而無子聞樞密院東有術者設肆算命談人休咎多奇中試往叩焉且語之曰吾之祿壽已不必言但推有子與否術者笑曰君有子矣何爲紿我李曰吾實無子豈紿汝耶術者怒曰君年

四十當有子。今年五十六矣。非給我而何。同坐皆軍官。見二人爭執甚訝之。李沉吟良久曰、吾年四十時、一婢有娠。吾以職事赴上都。比歸則吾妻鬻之矣。莫知所往。若有子、則此是也。術者曰。此子終當還君。相別而出。時坐中一千戶邀李入茶坊。告之曰、十五年前。吾亦無子。因到都置一婢。則已有孕。到家時、適吾妻亦有孕。前後一兩月間。各生一男。今皆十五六矣。豈君之子也。兩人各言婦人之容貌。歲齒相同。李歸語於妻。妻往日誠悍妬。至是見夫無嗣。心頗慚而憐之。翌日邀千戶至家。享以盛饌。與之刻期而別。千戶先歸南陽府。李以實告于所管近侍大官。乞假前往。大官曰、此美事也。我當與汝奏聞。既而有旨。得給驛以行。凡筵席之費。皆從官辦。李至衆官郊迎。往千戶宅。設大宴。李所以餽獻千戶并其妻子僕妾之物甚侈。千戶命二子出拜。風度不殊。衣冠如一。莫知何者爲已子。致請於千戶。千戶曰、君自認之。李諦視良久。天性感通。前抱一人曰。此吾子也。千戶曰然。於是父子相持而哭。坐中皆爲墮淚。舉盃交賀。大醉而罷。明日千戶答

禮。會客如昨。謂李曰、吾既與君子矣。豈可使母子分離。今幷其母以奉李
喜出望外。回都攜見大官。大官曰、佳兒也。引之入覲。通籍宿衞。後官至三
品。大抵人之有子無子。數使之然。非人力所能也。而術士之業亦精矣。

紀文達公論命大有益於世道人心

閱微草堂筆記云。有故家子。日者推其命大貴。相者亦云大貴。然垂老官
僅至六品。一日扶乩問仕路崎嶇之故。仙判曰、日者不謬。相者亦不謬。以
太夫人偏愛之故。削減官祿至此耳。拜問偏愛誠不免。然何至削減官祿。
仙又判曰、禮云繼母如母。則視前妻之子當如子。庶子爲嫡母服三年。則
視庶子亦當如子。而人情險惡。自設町畦。所生與非所生。釐然如水火不
相入。私心一起。機械萬端。小而飲食起居。大而貨財田宅。無一不所生居
於厚。非所生者居於薄。斯已干造物之忌矣。甚或離間讒搆。密運陰謀。詬
誶囂陵。罔循禮法。使羅毒者吞聲。旁觀者切齒。猶嘵嘵稱所生者之受抑。
鬼神怒視。祖考怨恫。不禍譴其子。何以見天道之公哉。且人之受享。祇有

此數。此贏彼縮。理之自然。既於家庭之內。强有所增。自於仕宦之途。陰有所減。子獲利於兄弟多矣。物不兩大。亦何憾於坎坷乎。其人悚然而退。後親串中一婦聞之曰、悖哉此仙。前妻之子、恃其年長無不吞噬其弟者。庶出之子。恃其母寵。無不凌轢其兄者。非有母爲之撑拄。不盡爲魚肉乎。姚安公曰、是雖妒口。然不可謂無此事也。世情萬變。治家者平心處之可矣。

楊主事善推命知已知人

又云。楊主事護。余甲辰典試所取士也。相法、及推算八字、五星。皆有驗。官刑部時。與阮吾山共事。忽語人曰、以我法論吾山。半月內當爲刑部侍郎。不缺員是何故耶。次日堂參後。私語同官曰、杜公缺也。既而杜凝臺果有伊犂之役、一日倉皇乞假歸來。辭余。問何匆遽乃爾。曰、家惟一子侍老父。今推子某月當死。恐老父過哀。故急歸耳。是時尚未至死期。後詢其鄉人。果如所說。尤可異也。余嘗問以子平家謂命有定。堪輿家謂命可移。究誰爲是。對曰、能得吉地。即是命。誤葬凶地。亦是命。其理一也。斯言可謂得其通矣。

管輅善相知人生死

魏志管輅傳云。輅族兄孝國。居在斥丘。輅往從之。與二客會。客去後。輅謂孝國曰。此二人天庭及口耳之間。同有凶氣。異變俱起。雙魂無宅。流魂於海。骨歸於家。少許時當並死也。復數十日。二人飲酒醉。夜共載車。牛驚。下道入漳河中。皆卽溺死也。當此之時。輅之鄰里。外戶不閉。無相偷竊者。

管輅善相知命預知本身不壽

又云。正元二年。弟辰謂輅曰。大將軍待君意厚。冀當富貴乎。輅長歎曰。吾自知有分直耳。然天與我才明。不與我年壽。恐四十七八間。不見女嫁兒娶婦也。若得免此。欲作洛陽令。可使路不拾遺。枹鼓不鳴。但恐至太山治鬼。不得治生人。如何。辰問其故。輅曰。吾額上無生骨。眼中無守精。鼻無梁柱。脚無天根。背無三甲。腹無三壬。此皆不壽之驗。又。吾本命在寅。加月食夜生。天有常數。不可得諱。但人不知耳。吾前後相當死者過百人。畧無錯也。是歲八月爲少府丞。明年二月卒。年四十八。

金鬼谷論命能使貧者驟富

蘇州府志云、明金鬼谷、家於郡城中醋庫巷。嘗有富商談命肆中。適一貧者、負薪而來告。曰、我四柱適與彼同。何彼富而我貧也。鬼谷曰、汝雖生於此。當於南方千里之外、亦與富者相埒。貧者告其母。母曰、汝有姊在閩中。當往求之。他日詣姊家。姊亦甚貧。不能容。姊知鄰舍有隙所。但一宿必見鬼物。乃使暫宿之。貧者入夜寢。果見鬼物入穴中、遂得黃金白鎰。上有金鼓覆其上。貧者得金、致富而歸、以金鼓報之。鬼谷因署其門曰、吳中名術。金鼓傳家。

某相士聞聲識人

宋稗類鈔云、張僕射齊賢、漕江南日。以書薦王冀公於錢希白。錢時以才名獨步館閣。適延一術士於邸。不容通謁王。跼蹐門下。厲聲詬閽人。術者遙聞之謂錢曰、此不知何人。若形勢相稱。世無此貴者。但恐形不副聲耳。

顧延入使某一見。希白召之。冀、公單微遠人。神貌疎瘦。舉止山野。希白蔑視之。術者悚然。側目諦視。既退。稽顙興歎曰、人中之貴。有此十全者。希白戲曰、都堂便有此等宰相乎。術者正色曰、公何言歟。且宰相何時而無。此君不作則已。若作則天下富盛。而君臣相得。至死有慶而無弔。不完者但無子而已。希白曰、他日當陶鑄吾輩乎。術者曰、恐不在他日。顧公無忽。後希白方爲翰林學士。冀公已眞拜。錢易、字希白。吳越王倧之子。

某相士相人勸其悔過仍得甲科

宋稗類鈔云。丁晉公本吳人、其孫徙居建安。貲產豪盛。子弟中名湜者。少年俊爽。負才氣。酷嗜賭博。雖常獲勝。然隨手蕩析於狎游。厥父屢訓責之。殊無悛心。父怒。因縛空室。絕其飲饌。飢困瀕死。家老嫗憐之。破壁使之竄。父喜其去。亦不問。但謂其必隕溝壑。湜假貸族黨。得旅費。徑入京師。補試太學。預貢籍。熙寧九年南省奏名。相國寺一相士以技顯。其肆如市。湜往訪之。士曰、君氣色極佳。吾閱人無如君者。當擢巍第。即大書於壁曰、今歲狀元是丁湜。湜益自負。而所好固如昔時。同榜有兩蜀士。皆多資。亦好博。湜宛轉鉤致。延之酒樓上。仍令僕携博具立於側。蜀士見之而笑。遂戲於小閣。始約以萬錢爲率。戲酣志猛。各不敢中止。累而上之。湜於此技得奇法。是日所贏六百萬。如數算取以歸邸。又兩日復至相士肆。士驚曰、君今日氣色大非前比。魁選豈復望。誤我術矣。湜請其說。士曰、相人先觀天庭。須黃明潤澤則吉。今枯燥且黑。得非設心不善。爲牟利之舉。以負神明哉。湜悚然。盡以實告。曰、然則悉以反之可乎。士曰、既已發心。冥冥知之矣。果能悔過。尚可占甲科。居五人以下也。湜亟求蜀士。還其所得大半。迨庭策唱名。徐鋒首名。湜爲第六。

某相士識方問亭於微時傾囊相助

福山王棫凝齋秋燈叢話云。桐城方公問亭。少丁家難。依戚好黃州某守。守未之奇也。久且有猒薄意。除夕親朋讌集。公獨愀然不樂。有相士在坐。謂曰、君骨格嶔奇。異日飛騰未可量也。衆聞其語。咸目笑之。相士忿然曰。

諸君井底蛙耳。烏足相天下士。謂公曰、君明秋當發軔。吾傾囊助君行。無鬱鬱久居此也。公北上。客平郡王藩邸。從王軍前。王奇公才。薦於朝。遂蒙殊遇。不數年。歷官節鎮。加宮保。果如相士言。嶔、音欽。玉篇、嶔嶔。山勢聳立貌。

張野人預相楊氏爲貴妃

太平廣記云。貴妃楊氏之在蜀也。有野人張見之。云當大富貴。何以在此。或問至三品夫人否。張云不是。一品否。曰不是。然則皇后耶。曰亦不是。然貴盛與皇后同。見楊國忠云。公亦富貴。位當秉天下權勢。數年後皆如其言。

甯氏起宅相宅者云當出貴甥

晉書魏舒傳云。少孤。爲外家甯氏所養。甯氏起宅。相宅者云。當出貴甥。外祖母以魏氏甥小而慧。意謂應之。舒曰。當爲外氏成此宅相。

居臨沔水忽生洲嶼竟出方伯

宋書張興世傳云。興世居臨沔水。沔自襄陽以下。至於九江。二千里中。先無洲嶼。興世初生。當其門前水中一旦忽生洲。年年漸大。及至興世爲方伯。而洲上遂十餘頃。沔、音緬。銑韻。水名。漢沔本一水。漢入江處。謂之沔口。卽今湖北漢口。

余朝奉聞相宅者言以吉地改建烏城縣學竟疊出大魁

何薳春渚紀聞云余拂君厚。霅川人也其居在漢銅官廟後溪山環合有相宅者言此地當出大魁君厚之父朝奉君云與其善之於一家不若推之於一郡。則遷其居於後以其前地爲烏程縣學不二三年君厚爲南宮魁。而莫儔、賈安宅、繼魁天下則相宅之言爲不妄。霅、音慴。葉韻。水名。在浙江湖州府。

趙徒先謂五箭之地不可居

郭彖暌車志云趙三翁、名進、字從先中牟縣、白沙鎭人密縣陸門山道友、席洞雲築室於獨紇嶺瀑水潭側慕其淸峭高爽落成甚喜旣遷入百怪畢見未及一年禍變相踵席謁翁且告之故翁曰得無居五箭之地乎席曰地理之說多矣素不聞五箭之說敢問何謂也翁曰峰巔嶺脊陵首隴背土囊之口直當風門急如激矢者名曰風箭峻溪急流懸泉瀉瀑衝石走沙、聲如雷動、晝夜不息者。名曰水箭。堅剛爍燥、斥鹵沙磧、不生草木、不澤水泉硬鐵腥錫、毒蟲蟻聚、散若朽壤者。名曰土箭。層崖疊巘、峻壁巉岩、銳峰峭岫、拔刃攢鍔、聳齒露首狀如浮圖者。名曰石箭。長林古木茂樾叢薄、翳天蔽日垂蘿蔓藤、陰森肅冽、如墟墓間者。名曰木箭。五箭之地、射傷居人皆不可用。要在回環。於抱。氣象明邃。形勢寬閒。壤肥土沃。泉甘石清。乃爲上地。固不必一一泥天星地卦也。子歸依我言去凶就吉。當自無恙。席悉遵其教居止。遂安。

三皇廟建於君山果如相地者之預言

陶宗儀輟耕錄云江陰州、宋季時、兵馬司在州治東南里許。平地上司之後。置土牢。歸附後有善地理者。以爲宜帝王居之。人問其故曰、君山龍脈正結於此。是以知其然也。皆弗之信。越數年。就其上起蓋三皇廟。亦奇術哉。君山、州之主山也。

太史公如淮陰視察韓侯母冢

史記淮陰侯傳云。太史公曰。吾如淮陰。淮陰人爲余言。韓信雖爲布衣時。其志與衆異。其母死。貧無以葬。然乃行營高敞地。令其旁、可置萬家。余視其母冢。良然。

袁安父沒道逢三書生指一葬地

後漢書袁安傳云。初安父沒。母使安訪求葬地。道逢三書生。問安何之。安爲言其故。生乃指一處。云葬此地。當世爲上公。須臾不見。安異之。於是遂葬其所占之地。故累世隆盛焉。

管輅過毋丘儉墓下倚樹哀吟

管輅傳云。輅隨軍西行。過毋丘儉墓下。倚樹哀吟。精神不樂。人問其故。輅曰、林木雖茂。無形可久。碑誄雖美。無後可守。玄武藏頭。蒼龍無足。白虎銜尸。朱雀悲哭。四危以備。法當滅族。不過二載。其應至矣。卒如其言。

陶侃葬親其地牛眠

晉書周光傳云。初陶侃微時。丁艱。將葬。家中忽失牛、而不知所在。過一父老謂曰前崗見一牛眠山汚中其地若葬位極人臣矣又指一山云此又其次當世出二千石言訖不見侃尋牛得之因葬其處以所指別山與訪訪父死葬焉果爲刺史著稱寧益自訪以下三世爲益州四十一年如其所言云

張大亨先墓每逢丑年家人有赴舉者必登高第

何薳春渚紀聞云先友提學張公大亨字嘉甫霅川人先墓在弁山之麓相墓者云公家遇丑年有赴舉者必登高第初未之信熙寧癸丑嘉甫之父通直公著登第元豐乙丑嘉甫登乙科大觀己丑嘉甫之兄大成中甲科重和辛丑嘉甫之弟大受復中乙科此亦人事地理相符之異也

張鬼靈看墓地圖畫可定吉凶

何薳春渚紀聞云張鬼靈三衢人其父使從里人學相墓術忽自有悟見因以鬼靈爲名建中靖國初至錢塘請者踵至錢塘尉黃正一爲余言縣令周君者括蒼人亦留心地理具飪延欵謂鬼靈曰凡相墓或不身至而

止視圖畫可定尅應否。鬼靈曰、若方位山勢不差。合葬時年月亦可定其粗也。因指壁間一圖問之。鬼靈熟視、久之曰、據此圖、墓前午上一潭水甚佳。然其家子弟、若有乘馬墜此潭。幾至不救者。卽是吉地而發祥自此始矣。令曰有之。鬼靈曰、是年此墜馬人必被薦送。次年登第也。令不覺起握其手曰。吾不知青烏子、郭景純、何如人也。令子殆其倫比耳。是年春祀而某乘馬從之。馬至潭仄。忽大驚躍。啣勒不制。卽與某俱墜淵底。逮出氣息而已。是秋發薦。次年叨忝者某是也。蔡靖安世先墓在富春白昇嶺。其兄宏。延鬼靈至墓下視之。謂宏此墓當出貴人。然必待君家麥甕中飛出鵪鶉爲可賀也。宏曰、前日某家臥房米甕中、忽有此異。方有野鳥入室之憂。鬼靈曰、此爲尅應也。君家兄弟有被魁薦者。卽是貴人也。是秋安世果爲國學魁選。鬼靈常語人曰、我亦患數促。非久居世矣。但恨無人可授吾術矣。後二歲果歿。時年二十五矣。

簡堯坡善相墓地大興吳氏

李調元制義科瑣記載漁洋云。門人全椒吳昺、述其曾祖體泉翁、爲父卜吉壤。致閩人簡堯坡者于家。廩餼甚厚。簡日爲擇兆域。三年不可得辭歸。翁固留之。一日同往梅花山中。遇大雪。同飲陳家市酒樓。簡倚檻遠眺。久之。罷酒起曰、異哉。吾遠近求之三年不得。乃在此乎。遂同往三里許。審視良久。曰、是矣。雪晴更往觀之。喜曰、天賜也。得此地足報君矣。然葬後君子未即發。至孫乃大發。發必兄弟同之。對面文峯秀絕。發必鼎甲。然稍偏。未必鼎元。或第二第三人。亦不僅一世而止。翁如言卜葬。其後孫國鼎、字玉鉉。中崇正癸未進士。國縉、字玉林。順治戊戌進士。及第一甲第三人。官翰林侍讀。玉騆、亦癸未進士。官禮科都給事中。二人兄弟。又前後舉科第。而昺今辛未科及第一甲第二人。簡之術亦神矣。

述卜筮星相學卷六終

受業 丹徒張頤壽延 江都田德明硯仙 同校

鎮江袁樹珊纂述

通卜筮星相學有得廟享者

許楊

後漢書方術傳云、許楊字偉君、汝南平輿人也、少好術數、王莽輔政、召爲郎、稍遷酒泉都尉、及莽篡位、楊乃變姓名爲巫醫、逃匿它界、莽敗、方還鄉里、汝南舊有鴻郤陂、成帝時、丞相翟方進奏毀敗之、建武中、太守鄧晨、欲修復其功、聞楊曉水脈、召與議之、楊曰、昔大禹決江疏河、以利天下、明府今興立廢業、富國安民、誠願以死效力、晨大悅、因署楊爲都水掾、使典其事、楊因高下形勢、起塘四百餘里、數年乃立、百姓得其便、累歲大稔、楊後以病卒、晨於都宮爲楊起廟、圖畫形像、百姓思其功績、皆祭祀之、

高獲

後漢書方術傳云、高獲字敬公、汝南新息人也、爲人尼首方面、少遊學京

師與光武有舊。師事司徒歐陽歙。歙下獄當斷。獲冠鐵冠、帶鐵鑕、詣闕請歙。帝雖不赦。而引見之。謂曰。敬公。朕欲用子為吏。宜改常性。獲對曰。臣受性於父母。不可改之於陛下。出便辭去。三公爭辟。不應。後太守鮑昱請獲。獲既至門。令主簿就迎。主簿曰。但使騎吏迎之。獲聞之即去。昱遣追請獲。獲顧曰。府君但為主簿所欺。不足與談。遂不留。時郡境大旱。獲素善天文。曉遁甲。能役使鬼神。昱自往問何以致雨。獲曰。急罷三部督郵。明府當自北出。到三十里亭。雨可致也。昱從之。果得大雨。每行縣。輒軾其閭。獲遂遠遁江南。卒於石城。石城人思之。共為立祠。

通卜筮星相學有為名臣者

王景

後漢書循吏傳云。王景字仲通。樂浪訷邯人也。少學易。遂廣闚衆書。又好天文術數之事。沈深多伎藝。辟司空伏恭府。時有薦景能理水者。顯宗詔與將作謁者王吳共修作浚儀渠。吳用景墕流法。水乃不復為害。後汴渠東侵日月彌廣而水門故處皆在河中兗豫百姓怨歎以爲縣官恆興佗役不先民急永平十二年議修汴渠乃引見景問以理水形便景陳其利害應對敏給帝善之又以嘗修浚儀功業有成乃賜景山海經、河渠書、禹貢圖、及錢帛衣物夏遂發卒數十萬遣景與、王吳修渠築隄自滎陽東至千乘海口千餘里景乃商度地勢鑿山阜破砥績直截溝澗防遏衝要疏決壅積十里立一水門令更相洄注無復潰漏之患景雖簡省役費然猶以百億計明年夏渠成帝親自巡行詔濱河郡國置河隄員吏如西京舊制景由是知名王吳及諸從事掾史皆增秩一等景三遷爲侍御史十五年從駕東巡狩至無鹽帝美其功績拜河堤謁者賜車馬縑錢建初七年、遷徐州刺史先是杜陵杜篤奏上論遷都欲令車駕遷還長安耆老聞者皆動懷土之心莫不眷然佇立西望景以宮廟已立恐人情疑惑會時有神雀諸瑞乃作金人論頌洛邑之美天人之符文有可採明年遷廬江太守先是百姓不知牛耕致地力有餘而食常不足郡界有楚相孫叔敖所起

芍陂稻田景乃驅率吏民修起蕪廢教用犂耕由是墾闢倍多境內豐給
遂銘石刻誓令民知常禁又訓令蠶織爲作法制皆著于鄕亭廬江傳其
文辭卒于官初景以爲六經所載皆有卜筮作事舉止質於蓍龜而衆書
錯糅吉凶相反乃參紀衆家數術文書家宅禁忌堪輿日相之屬適於事
用者集於大衍玄基云

任文公

後漢書方術傳云任文公巴郡閬中人也父文孫明曉天官風角秘要文
公少修父術州辟從事哀帝時有言越巂太守欲反刺史大懼遣文公等
五從事檢行郡界潛伺虛實共止傳舍時暴風卒至文公遽起白諸從事
促去當有逆變來害人者因起駕速驅諸從事未能自發郡果使兵殺之
文公獨得免後爲治中從事時天旱白刺史曰五月一日當有大水其變
已至不可防救宜令吏人豫爲其備刺史不聽文公獨儲大船百姓或聞
頗有爲防者到其日旱烈文公急命促載使白刺史刺史笑之日將中天

北雲起須臾大雨至餔時、湔水湧起十餘丈突壞廬舍所害數千人文公遂以占術馳名辟司空掾平帝即位稱疾歸家

謝夷吾

又云謝夷吾字堯卿會稽山陰人也少爲郡吏學風角占候太守第五倫擢爲督郵時烏程長有臧釁倫使收案其罪夷吾到縣無所驗但望閤伏哭而還一縣驚怪不知所爲及還白倫曰竊以占候知長當死近至十日遠不過六十日遊魂假息非刑所加故不收之倫聽其言至月餘果有驛馬齎長印綬上言暴卒倫以此益禮信之舉孝廉爲壽張令稍遷荊州刺史遷鉅鹿太守所在愛育人物有善績及倫作司徒令班固爲文薦夷吾疏中有願乞骸骨更授夷吾上以光七曜之明下以厭率土之望庶令微臣塞咎免悔云云

東漢書方術傳所載在仕路者之史略

文獻通考云東漢書方術傳所載在仕路者任文公善天官風角仕至司

空掾。郭憲善術。仕至光祿勳。許楊善術。曉水脈。仕至都水掾。王喬有神術。仕至縣令。謝夷吾善風角。仕至太守。李郃善河洛風星。以孝廉舉。仕至司徒。樊英善風角算河洛七緯。推步災異。以隱士聘。仕至光祿大夫。公沙穆善河洛步推之術。仕至弘農令。單颺善天官算術。仕至漢中太守。韓說善圖緯。仕至江夏太守。

馬端臨曰。史所載兩漢士大夫。明方術、善技藝、而在仕途有至大官者。如衛綰周仁吾邱壽王、則假方術以進。而自他有文行以取顯貴者也。如李郃、樊英之徒。則雖善方術。而本不假此以進身取位者也。然考東漢書方術傳所載。則終身肥遁。不求聞達者甚多。有不應辟舉者。有變姓名。不知所終者。眞賢士也。其與後世之以一伎自名。而奔走形勢之塗。以爲干名狥利之階者。大有逕庭矣。

又云。中宗神龍元年。太白山人鄭普思。以方術除秘書監。其年又除方術人葉靜能爲國子祭酒。

李淳風

唐書方技傳云李淳風岐州雍人、父播仕隋高唐尉棄官爲道士號黃冠子以論譔自見淳風幼爽秀通羣書明步天歷算貞觀初與傅仁均爭歷法議者多附淳風故以將仕郎直太史局制渾天儀詆摭前世得失著法象書七篇上之擢承務郎遷太常博士改太史丞與諸儒脩書遷爲令太宗得秘讖言唐中弱有女武代王以問淳風對曰其兆既成已在宮中又四十年而王王而夷唐子孫且盡帝曰我求而殺之奈何對曰天之所命不可去也而王者果不死徒使疑似之戮淫及無辜且陛下所親愛四十年而老老則仁雖受終易姓而不能絕唐若殺之復生壯者多殺而逞則陛下子孫無遺種矣帝采其言止淳風占候吉凶若節契然當世術家意有鬼神相之非學習可致終不能測也以勞封昌樂縣

通卜筮星相學有毀家濟人者

折像

後漢書方術傳云折像字伯式廣漢雒人也其先張江者封折侯曾孫國爲鬱林太守徙廣漢因封氏焉國生像國有貲財二億家僮八百人像幼有仁心不殺昆蟲不折萌芽能通京氏易好黃老言及國卒感多藏厚亡之義乃散金帛資產周施親疎或諫像曰君三男兩女孫息盈前當增益產業何爲坐自殫竭乎像曰昔鬬子文有言我乃避禍非避富也吾門戶殖財日久盈滿之咎道家所忌今世將衰子又不才不仁而富謂之不幸牆隙而高其崩必疾也智者聞之咸服焉自知亡日召賓客九族飲食辭訣忽然而終時年八十四家無餘資諸子衰劣如其言云

廖扶

又云廖扶字文起汝南平輿人也習韓詩歐陽尚書教授常數百人父爲北地太守永初中坐羌沒郡下獄死扶感父以法傷身憚爲吏及服終而歎曰老子有言名與身孰親吾豈爲名乎遂絕志世外專精經典尤明天文讖緯風角推步之術州郡公府辟召皆不應就問災異亦無所對扶逆

知歲荒乃聚穀數千斛悉用給宗族姻親又斂葬遭疫死亡不能自收者常居先人冢側未曾入城市太守謁煥先爲諸生從扶學後臨郡未到先遣吏修門人之禮又欲擢扶子弟固不肯當時人因號爲北郭先生年八十終於家二子孟舉偉舉並知名

通卜筮星相學有列傳逸民者

嚴君平

通志隱逸傳云嚴遵字君平（一云名尊）蜀人也君平隱居不仕卜筮於成都市以爲卜筮者賤業而可以惠衆人有邪惡非正之問則依著龜爲言利害與人子言依於孝與人弟言依於順與人臣言依於忠各因勢導之以善從吾言者已過半矣裁日閱數人得百錢足自養則閉肆垂簾而授老子博覽無不通依老子嚴周之指著書十餘萬言楊雄少時從游學已而仕京師顯名數爲朝廷在位賢者稱君平德杜陵李彊素善雄久之爲益州牧喜謂雄曰吾得嚴君平爲從事足矣雄曰君備禮以待之彼人可見而

不可得詘也彊心以爲不然及至蜀致禮與相見卒不敢言以爲從事乃歎曰楊子雲誠知人也君平年九十餘遂以其業終蜀人愛敬至今稱焉

班固前漢書王貢兩龔鮑傳云鄭子眞嚴君平皆未嘗仕然其風聲足以激貪厲俗近古之逸民也

鄭樵通典按類說云蜀有富人羅冲者問君平曰君何以不仕君平曰無以自發冲爲君平具車馬衣糧君平曰吾病耳非不足也我有餘而子不足奈何以不足奉有餘冲曰吾有萬金子無儋石乃云有餘不亦謬乎君平曰不然吾前宿子家人定而役未息晝夜汲汲未嘗有足今我以卜爲業不下牀而錢自至猶餘數百塵埃厚寸不知所用此非我有餘而子不足耶冲大慚君平歎曰益我貨者損我神生我名者殺我身竟不仕

王右軍十七帖云嚴君平司馬相如揚子雲皆有後否

鮑參軍集蜀四賢詠云君平因世閒得還守寂寞閉簾著道德開卦述天爵

全唐文載李華贊嚴君平云、先生冥冥、隱於卜肆、宗師老氏、精究易義、爰衣爰食、止足非利、垂簾燕居、默養貞氣、誨人不倦、人悅其風、皦味柔剛、在我域中、心與世遠、事與人同、不臣大君、不友上公、在貴反賤、齊明若濛、遐哉遠哉、微妙元通、弋者何爲、仰羨飛鴻、

珊按、蜀四賢者、司馬相如、嚴君平、王褒、揚雄是也、玆篇僅錄詠君平詩一則、讀之如見其人、再證以王右車十七帖、詢君平有後否一語、及李華贊君平止足非利、誨人不倦云云、則君平之高風亮節、令人崇拜、更可知矣、

顧歡

南齊書高逸傳云、顧歡字景怡、吳郡鹽官人也、祖赳、晉隆安末、避亂徙居、歡年六七歲、畫甲子、有簡三篇、歡析計、遂知六甲、家貧、父使驅田中雀、歡作黃雀賦而歸、雀食過半、父怒欲撻之、見賦乃止、鄉中有學舍、歡貧無以受業、於舍壁後倚聽、無遺忘者、八歲誦孝經詩論、及長、篤志好學、母年老

躬耕誦書夜則燃糠自照同郡顧顗之臨縣見而異之遣諸子與遊及孫憲之並受經句歡年二十餘更從豫章雷次宗諮玄儒諸義母亡水漿不入口六七日廬於墓次遂隱遁不仕於剡天台山開館聚徒受業者常近百人歡早孤每讀詩至哀哀父母輒執書慟泣學者由是廢蓼莪篇不復講太祖輔政悅歡風教徵爲揚州主簿遣中使迎歡及踐阼乃至歡稱山谷臣顧歡上表中有臣志盡幽深無與榮勢自足雲霞不須祿養陛下既遠見尋求敢不盡言言既盡矣請從此退永明元年詔徵歡爲太學博士同郡顧黯爲散騎郎黯字長孺有隱操與歡俱不就徵歡晚節服食不與人通每旦出戶山鳥集其掌取食事黃老道解陰陽書爲數術多效驗初元嘉末出都寄住東府忽題柱云三十年二月二十一日因東歸後太初弒逆果是此年月自知將終賦詩言志云精氣因天行遊魂隨物化尅死日卒於剡山身體柔輭時年六十四還葬舊墓木連理出墓側縣令江山圖表狀世祖詔歡諸子撰歡文議三十卷

通卜筮星相學有品端學粹者

郎宗 子顗

後漢書列傳云。郎顗字雅光、北海安丘人也。父宗、字仲綏、學京氏易、善風角、星算、六日七分。京氏、京房也。作易傳。風角、謂候四方四隅之風、以占吉凶也。星算、謂天文算數也。易稽覽圖曰、甲子卦氣起中孚。六日、八十分日之七。鄭玄注云。六以候也。八十分、爲一日之七者。一卦六日七分也。能望氣占候吉凶、常賣卜自奉。奉音扶用反。安帝徵之、對策爲諸儒表。後拜吳令。吳、縣名。屬會稽郡。今蘇州縣也。時卒有暴風。宗占知京師當有大火、記識時日、遣人參候、果如其言。諸公聞而表上以博士徵之。宗恥以占驗見知、聞徵書到、夜縣印綬於縣廷而遁去。遂終身不仕。顗少傳父業、兼明經典、隱居海畔、延致學徒、常數百人。晝研精義、夜占象度、勤心銳思、朝夕無倦。州郡辟召、舉有道、方正、不就。

俞直

江西通志云。俞直、玉山人。於河洛易象之旨、無不求其義而爲說。秦檜欲館置、直謝不就。紹興辛巳、金人亂淮、用事者遣使問退敵之期、言皆切中。

卒不以術自炫。

蕭才夫

圖書集成引宋文信國公贈人鑑蕭才夫談命文云、歲單閼人鑑蕭才夫過予以予命推之言頗悉是秋迄次年予所遭無有不與其言相符噫、人鑑其神已爲之辭曰眇陰陽之大化兮布濩垓埏出王游衍之度思兮曾淺淺乎爲天自靑紫食窮經之心兮怪詭乘之而相擬掠王緯之膚兮誑其愚以自賢方疾其拂耳騷心兮羌作炳於眇綿將事實與行會兮抑抉幽而鈎元予將窺前靈之逸跡兮就有道而正焉（宋文天祥字宋瑞號文山吉水人封信國公）

葉子仁

廣信府志云葉子仁上饒人推算筮占往往如破的歲乙酉眞文忠方在班子仁以書勸補外甚力未幾果去國子仁每推論五行輒以善道勉人如孝弟忠信淸心寡慾等語未嘗不懇切言之眞文忠以爲君平之風贈以絕句云易象推占妙入神惟有南陽賣卜人見眞文忠集（宋眞德秀字景元浦）

城人世稱西山先生諡文忠

王奇

天台縣志云、王奇、字世英、性介直、初爲邑庠生、不偶、去而游京師、遍歷江湖、以星命占筮之術、穪於人、言禍福輒應、自以數奇、不受室、以姪宗元爲嗣、年八十而終于京師、時館人以事坐誣繫獄、奇爲直之、其妻招夜飲、閉門不赴、明日徙去、人以爲難、無錫邵尚書二泉、司深愛重之、爲志其墓、

劉興漢

寶慶府志云、劉興漢、字思吾、邵陽人、工日者術、士大夫多與之游、監司郡邑、以冠帶給之、額旌無虛日、然雖飭星卜、每與人言、必以修命造命、是訓是行、盈戶牖皆格言、嘗識一友於貧賤時、隨成顯宦、視之如三黨者、二十年、孤介之性、決無一事相干、後其家敗、戚友多受累者、獨超然事外、惟雅好讀書、督課二子不少姑息、後先俱游泮、苦志早卒、漢好善益力、以老且孤、歷變亂、八十餘考終、

高平川

延安府志云高平川、永安人精星術得雲谷道人斷袁了凡意葉臺山李九五二公微時川與語二公駭之已而二公入相言皆驗每憐其貧諷令以子小就一職爲祿養川曰寧日不再食勿以薄分辱名器也李益重之年八十卒於郡郊四鶴橋不能舉殯適葉馳驛至爲賻喪具

陳佐明

揚州府志云陳君佐明、江都人善方脈洪武初爲御醫永樂間棄官著黃冠、市藥武當山中以易卜人吉凶多奇中卒葬山中石穴

歷代太史令欽天監必須兼通卜筮星相學者

「自鳳鳥氏爲歷正至清欽天監其職務大致相同

通典云太史局令昔少皞以鳥名官其鳳鳥氏爲歷正至顓頊命南正重以司天北正黎以司地唐虞之際羲氏和氏紹重黎之後代序天地夏有太史終古者當桀之暴知其將亡乃執其圖法而奔於殷殷太史高勢見

紂之亂載其圖法、出奔於周周官太史掌建邦之六典正歲年以序事頒告朔於邦國又有馮相氏、視天文之次序保章氏、掌天文之變當周宣王時、太史官失其守而爲司馬氏司馬氏世典周史惠襄之間司馬氏適晉。晉中軍隨會奔秦而司馬氏入梁秦爲太史令漢武置太史公以司馬談爲之位在丞相上天下計書先上太史副上丞相談卒其子遷嗣之遷死後宣帝以其官爲令行太史公文書而已後漢太史令掌天時星歷凡歲將終奏新年歷凡國祭祀喪娶之事掌奏良日及時節禁忌國有瑞應災異則掌記之秦漢以來太史之任蓋併周之太史、馮相、保章三職自漢、晉、宋、齊、並屬太常銅印墨綬進賢一梁冠絳朝服梁陳亦同後魏、北齊、皆如晉宋隋曰太史曹置令丞各二人而屬秘書省煬帝又改曹爲監有令唐初改監爲局置令龍朔二年改太史局爲秘書閣改令爲郎中丞爲秘書閣郎咸亨初復舊初屬秘書省久視元年改爲渾天監不隸麟臺改令爲監置一人其年又改爲渾儀監長安二年復爲太史局又隸麟臺其監復太史局令置二人景龍二年復改局爲監而令名不易不隸秘書開元二年復改令爲監改一員爲少監十四年復爲太史局置令二人復隸秘書後又改局爲監乾元元年又改其局爲司天臺掌天文歷數風雲氣色有異則密封以奏其次小史有司歷保章正靈臺郎挈壺正等官各有差

續通典云太史局令至唐改爲司天監設監一人少監二人掌察天文稽歷數凡日月星辰風雲氣色之異率其屬而占元豐官制行罷司天監立太史局隸秘書省其官有令有正掌測驗天文考定歷法凡日月星辰風雲氣候祥貴之事日具所占以聞歲頒歷於天下則預造進呈祭祀冠婚及大典禮則選所用日

通考云宋有司天監天文院鐘鼓院元豐正官制以太史局隸秘書省掌測驗天文考定歷法凡日月星辰風雲氣候祥眚之事日具所占以聞歲頒歷於天下則預造進呈祭祀冠婚及典禮則選所用日

續通考云遼南面官司天監有太史令有司歷靈臺郎挈壺正五官正丞

主簿。五官靈臺郎、保章正、司歷、監候、挈壺正、司辰、刻漏、博士、典鐘、典鼓、金司天臺隸秘書監。掌天文歷數風雲氣色密以奏聞。

又云。明洪武元年。徵元太史張佑張沂等。改太史院爲司天監。設監令、少監、監丞等官。又徵元回回司天監鄭阿里等議歷。置回回司天監。設監令、少監、監丞等官。三年改司天監爲欽天監。二十二年。改令爲監正。丞爲監副。三十一年罷回回司天監。以其歷法隸本監。置監正一人。副監二人。掌察天文。定歷數。占候推步之事。凡日月星辰。風雲氣色。率其屬而測候焉。有變異密疏以聞。凡習業分四科。曰天文。曰漏刻。曰回回。曰歷。自五正下、至天文生、陰陽人。各分科肄業。每歲冬至日。呈奏明歲大統歷。移送禮部頒行。其御覽月令歷。七政躔度歷。六壬遁甲歷。四季天象錄。並先期進呈。

清通考云。欽天監、掌察天文定氣朔。占候步推及相陰陽以卜營建之事。每歲孟冬朔日。呈奏明歲時憲書。移禮部頒行於天下。

歷代太史令及欽天監名稱異同之大略

歷代職官表載、三代夏羲氏和氏、稱太史令殷亦稱太史令周稱太史下大夫日官日正秦稱太史令漢與後漢、及三國、晉宋、齊梁陳、北魏北齊、均同稱大史令後周、稱大史中大夫隋稱太史令、太史監唐與五季、均稱司天臺監元稱太史令太史院使司天監提點司天監明與清均稱欽天監監正。

珊按、自少皡以鳥名官鳳鳥氏爲歷正。至清欽天監監正其職務大致相同。不曰掌建邦之六典正歲年以序事頒告朔於邦國即曰掌天時星歷。凡歲將終奏新年歷。凡國祭祀喪娶之事掌奏良日。國有瑞應災異之事則掌記之。不曰掌天文歷數風雲氣色有異則密封以奏即曰掌察天文定氣朔占候步推及相陰陽以卜營建之事。歷代相沿無甚變更。任斯職者必須兼通卜筮星相之學乃爲完備。不僅察天文定氣朔已也。

卜筮星相學我國惜無專校

唐制技術官必須選考

文獻通考云唐元宗開元七年敕出身非伎術、而以能任伎術官者聽量與員外其選敍考勞不須拘伎術例

宋制太史局生必須考試

續文獻通考云宋甯宗嘉定四年詔太史局生必俟試中方可轉補

金制司天臺學士必須考試

又云金制凡司天台學士女直二十六人漢人五十人聽官民家年十五以上三十以下試補又三年一次選草澤人補充其試以宣明歷試推步婚書、地理、新書試合婚安葬並易筮法、六壬課、三命五星之術

元制陰陽人必須考試

又云元至元十三年正月詔凡儒學卜筮、及通曉天文歷數之士所在官司具以名聞

又云按元典章試陰陽人於三元經書內出題有占算、三命五星周易、六

壬、數學等書。婚元則占才大義書。宅元則周書秘奧、八宅通眞論、瑩元則地理新書、瑩元總論、地理明眞論。所分科目大約亦以此定。元貞元年二月定其制。

元制設陰陽學學中有習業者

通俗編云。元典章、元貞元年二月。中書省奏定陰陽教授令各路公選老成厚重藝術精明爲衆推服一名。于三元經書出題。移廉訪司體覆舉用。按元設陰陽學。學中習業者乃謂之陰陽生。所習書以周易爲首。而凡天文、地理、星命、占卜、及相宅、相墓、選日諸術。悉期精通。明以來學廢。而陰陽生依附道家。名實甚不稱矣。

明制天文生陰陽人均須考試或選世業子弟立師教習

續文獻通考云。明制天文生用世業子弟選補。又命府州縣舉陰陽人補正術等官。明初置太史監。後改欽天監。掌歷數天文地理之事。凡習業者分四科。自五官正以下。與天文生、陰陽人、各專一科。凡天文生有缺。初令天下訪取仍會禮部考驗收用後止選世業子弟立師教習有成遇缺選補其教師亦量升授孝宗弘治十一年命訪世業原籍子孫幷山林隱逸之士及致仕退閒官吏監生生員軍民人等有能精通天文歷數、陰陽、地理、五星、子平、遁甲、大定、幷六壬占課灼龜等術者每府不過一二人試中取用凡天下府州縣舉到陰陽人堪任正術等官者俱從吏部送本監考中咨回選用不中者遣還原籍為民

清制通曉天文明於星象及占驗者准禮部奏聞

清朝文獻通考云順治十二年欽天監監正湯若望九年考滿加通政使司通政使銜賜二品頂帶仍管欽天監事

又云乾隆二年奉諭旨在璣衡以齊七政視雲物以驗歲功所以審休咎備修省先王深致謹焉今欽天監歷象考成一書於節序時刻固已推算精明分釐不爽而星官之術占驗之方則闕焉未講但天文家言互有疎密非精習不能無差海內有精曉天文明於星象者直省督撫確訪試驗

術果精通著咨送來京該部奏聞請旨

又云又禮部奏浙江杭州府生員張永祚通曉天文明於星象應令其在欽天監天文科行走奉諭旨張永祚著授爲欽天監八品博士

珊按自唐至民國紀元已有一千一百九十二年國家定制凡欲爲技術官太史令欽天監者必須考試中式遇缺選補其要目卽天文曆數、陰陽地理、遁甲六壬周易五星子平等其應考者大都閉戶自修之士並無專門學校以陶鑄之雖元制有陰陽學可以在學習業明制有選送世業子弟立師教習之明文究竟人數無多斷難昌明學術降及後世一蹶不振良可惜也

卜筮星相學之書籍有收入四庫文淵閣著錄者

數學之屬

太元經十卷漢楊雄撰晉范望注　太元本旨九卷明葉子奇撰　元包五卷附元包數總義二卷後周衛元嵩撰唐蘇源明傳李江注宋韋漢卿

釋音其總義二卷則張行成所補撰也　潛虛一卷附潛虛發微論一卷
宋司馬光撰　皇極經世十二卷宋邵雍撰　皇極經世索隱二卷宋張
行成撰　皇極經世觀物外篇衍義九卷宋張行成撰　易通變四十卷
宋張行成撰　觀物篇解五卷附皇極經世解起數訣一卷宋祝泌撰
皇極經世書解十四卷國朝王植撰　易學一卷宋王是撰　洪範皇極
內外篇五卷宋蔡沈撰　天原發微五卷宋鮑雲龍撰　大衍索隱三卷
宋丁易東撰　易象圖說內篇三卷外篇三卷元張理撰　三易洞璣十
六卷明黃道周撰

右書凡一十六部一百四十七卷皆文淵閣著錄

占候之屬

靈臺秘苑十五卷後周庾季才撰　唐開元占經一百二十卷唐開元中
太史監瞿曇悉達奉勅撰

右書凡二部一百三十五卷皆文淵閣著錄

相宅相墓之屬

宅經二卷舊本題黃帝撰　葬書一卷舊本題晉郭璞撰　撼龍經一卷疑龍經一卷葬法倒杖一卷舊本題唐楊筠松撰　青囊奧語一卷青囊序一卷舊本題唐楊筠松撰　天玉經內傳三卷外篇一卷舊本題唐楊筠松撰　靈城精義二卷舊本題南唐何溥撰明劉基注　催官篇二卷舊本題宋賴文俊撰　發微論一卷宋蔡元定撰

右書凡八部十七卷皆文淵閣著錄

占卜之屬

靈棋經二卷舊本題漢東方朔撰　易林十六卷漢焦延壽撰　京氏易傳三卷漢京房撰　六壬大全十二卷不著撰人名氏首題懷慶府推官郭載騋校　卜法詳考四卷國朝胡煦撰

右書凡五部三十七卷皆文淵閣著錄

命書相書之屬

李虛中命書三卷舊本題鬼谷子撰唐李虛中注　玉照定眞經一卷舊本題晉郭璞撰張顒注　星命溯源五卷不著編輯者名氏　徐氏珞琭子賦注二卷宋徐子平撰　珞琭子三命消息賦注二卷宋釋曇瑩撰　三命指迷賦一卷舊本題宋岳珂補注　星命總括三卷舊本題遼耶律純撰　演禽通纂二卷不著撰人姓名　星學大成十卷明萬民英撰　三命通會十二卷不著撰人名氏卷首但題曰育吾山人　月波洞中記二卷是書從永樂大典錄出　玉管照神局三卷舊本題南唐宋齊邱撰　太清神鑑六卷舊本題後周王朴撰　人倫大統賦一卷金張行簡撰

右書凡十四部五十三卷皆文淵閣著錄

陰陽五行之屬

太乙金鏡式經十卷唐開元中王希明奉敕撰　遁甲演義二卷明程道生撰　禽星易見一卷明池本理撰　星歷考原六卷康熙五十二年大學士李光地等奉敕撰　協紀辨方書三十六卷乾隆四年莊親王允祿

等奉敕撰

右書凡五部五十五卷皆文淵閣著錄

珊按、以上所載書目計五十部四百四十四卷皆爲文淵閣著錄者尙有術數類數學之屬二十九部一百六十五卷（內五部無卷數）占候之屬二十六部三百八十卷（內四部無卷數）相宅相墓之屬十八部一百三十二卷附錄一部六卷占卜之屬二十四部六十二卷（內二部無卷數）命書相書之屬十八部二十九卷（內六部無卷數）陰陽五行之屬二十六部一百六十三卷（內二部無卷數）雜技術之屬六部五十二卷計一百四十八部九百八十九卷皆附諸四庫全書存目讀者欲知其詳可觀四庫全書提要茲不具載查四庫全書告成於乾隆四十七年壬寅距今民國十七年戊辰已有一百四十六年之久想海內名著又不知增出有若干部也

東西各國卜筮星相學之書目

占筮書二十六種

周易正文二册片山兼山著　周易述義八册大橋順造著　增補古易斷時言四册新井白蛾著　古易察病傳一册不著撰人名氏　易學諺解二册佐久間順正著　易學通解二册井田龜學著　融通易大成一册飯田孝太郎編輯　改正增補梅花心易掌中指南三册中根松伯著　梅花心易掌中指南三册中根松伯著　高島易斷十册高島嘉右衛門著　高島易占卷四一册高島嘉右衛門著　新撰易學階梯二册奧田標堂著　五行易指南四册數學書院版　天理術秘傳二册不著撰人名氏　新編易學小筌一册村田玉樹編　易學小筌一册不著撰人名氏　易小筌一册新井著　占法要略二册高松貝陵著　古易定本易道早學一册新井白蛾著　晴明秘傳獨占一册松榮堂著　八宅明鏡辨解一册菊地龜仙著　吉凶禍福獨占筮一名西洋判斷術松迺舍譯　新選序卦斷法二册高松貝陵著　龍背發秘二册荒井堯民著

吉凶禍福占筮八卦音曲獨判斷一册松乃舍著

方鑑書三十六種

方鑑秘訣集成一册吉田祐德著　方鑑大成三册尾島碩聞著　方鑑
辨說一册松浦琴鶴著　方鑑秘傳集二册松浦琴鶴著　方鑑秘傳集
二册松浦琴鶴編　方鑑秘傳集二册松浦琴鶴著　三元秘用方鑑圖
解三册松浦琴鶴著　政正方鑑必攜一册尾島碩聞著　方鑒必攜一
册尾島碩聞著　方鑒口訣書一册松浦琴鶴著　方鑑類要附錄一册
松浦琴鶴著　三元九星方位便覽一册稻葉偲州著　方位便覽一册
野口芳次郎編　三元九星方位早繰一册不著撰人名氏　方位早繰
便覽一册不著撰人名氏　方位吉凶秘傳集二册菊地龜仙著　日家
九星論一册立川小兵衛著　奇門遁甲盤一册立川小兵衛著　八宅
明鏡圖解三元九星吉方圖解一册松浦琴鶴著　方鑒圖解九星小言
三册相差景星編輯　方位家相九星通解一册平山義信編解　九星
秘訣一册不著撰人名氏　九星運命考一册不著撰人名氏　人相家

相九星方位一册江東散史編　金神方位重寶記一册松浦東雞述
九星方位永代吉凶鑑一册伊藤南堂編　三元九星占獨判斷一册栗
田鐵三郎著　九星相術人事百般大雜書二册前田綠堂著　家相秘
傳集二册松浦琴鶴編　家相便覽四册謙堂肉戶著　家相秘傳集二
册松浦琴鶴輯　家相方位指南三册肉戶賴母編　家相辨義二册松
浦琴鶴著　圖解捷徑家相全書三册長田直行著　家相方位一册川
田孝吉編輯　陰陽外傳磐戶開一册加茂規淸著

觀相書六種

人相獨稽古二册村上五雄校正　人相指南秘訣集一册手塚貞彥編
人相指南一册不著撰人名氏　人相家相骨相學口訣一册中島春
郭著　觀相奇術一册不著撰人名氏　南北相法一册水野南北著

大雜書十九種

萬代大雜書三世相一册松塋堂著　萬寶大雜書三世相一册槐亭賀

全編　大雜書三世相一册手塚貞彥編　永代大雜書三世相松榮堂著　三世相大雜書一册不著撰人名氏　壽福三世相大鏡一册不著撰人名氏　明治新刻大雜書三世相一册不著撰人名氏　官民撰業秘法一册小西如泉編　方德萬寶錄一册不著撰人名氏　西洋獨占天眼通一册星野久成譯　日用精義二册松浦琴鶴著　御鬮判斷抄一册不著撰人名氏　元三大師百籤繪抄一册不著撰人名氏　又元三大師百籤繪抄一册不著撰人名氏　增補元三大師御籤繪抄一册元三大師編　增補元三大師御鬮判斷抄一册松榮堂編　神籤五十占一册白幡義篤記編　二十八宿日割鑑一册日蓮大師著　日蓮大師二十八宿日割鑑一册不著撰人名氏

凡方技四類八十七種。

南海康氏云。日本方技學。皆吾所傳也。無有錄存之。以見日俗云爾。

珊按。據此書目所載。具見日本卜筮星相學。固皆效法我國。即證以西洋判斷術、西洋獨占天眼通二書。西洋之卜筮星相學。於此亦可見一斑。風萍生有言曰、卜易星相之術。流傳甚久。東西所同。又曰均發源河圖洛書。演成八卦。夫河洛八卦。乃我國大聖創作。非東西各國發明。由是觀之。是西洋各國之卜筮星相學。亦莫不效法我國。不獨東洋爲然。南海康氏謂日本方技。皆吾所傳。此不過僅就日本書目言耳。

述卜筮星相學卷七終

受業 丹徒張頤壽延 江都田德明硯仙 同校

鎮江袁樹珊纂述

附錄

冒鶴亭先生潤德堂叢書序

祿命之學。其起後於六壬選吉。要皆不出乎生尅制化。以通神明之變。而大易洪範。實爲陰陽五行之學之權輿。周官太史之職。實司總之。隋書經籍志曰。世之治也。列在衆職。下至衰亂。官失其守。或以其業、遊說諸侯。各崇所習。分標並騖。若使總而不遺。折之中道。亦可以興化致治。顏師古漢書藝文志注曰。王者之治。於百家之道。無不貫綜。又曰。治國之體。亦當有此雜家之說。今之術士。設一廛於肆。指天畫地。侈言禍福。以博一日之升斗。此其人既自居於賤。人亦賤之。又豈知陰陽五行。固六經之支與流裔也。江都袁君樹珊。以醫卜世其家。嘗讀書。應有司試。棄而隱於肆。吾在京口時識之。聽其言若網之在綱。有條而不紊也。若燭照數計之靡遺也。吾固知其異於今之術士矣。間與樹珊言陰陽五行之學之衰。未有甚於今之時者也。吾嘗深思其故。蓋有四端。一曰附益。言祿命者莫古於李虛中。然其命書。乃言四柱。與昌黎誌文所稱。僅以人之始生年月日相斟酌不合。又其職官稱謂。多涉宋代。言祿命之書者。莫備於育吾山人之三命通會。然其所載仕官八字。乃下及明季之人。二曰僞託。珞琭子賦、論金木剛柔之得失。青赤父子之相應。頗爲後世所宗。然作者王子晉周人。不應引有秦河上公、及漢末壺公、費長房之事。此與易衍題東方朔撰。而其歌括。皆作七言律詩。同一謬妄。三曰繁密。李虛中推人壽夭貧賤。不過以干支相生勝衰死旺而止耳。後之來者。乃多出奇思。曲意揣度。以冀無所不合。轉至窒碍而不可通。如遼耶律純、星命總括、剖晰義理。往往造微。而所稱官有正偏。則過於求新。流入瑣碎。此外範圍數、以圖書之學。竄入祿命。九宮八卦遁法秘書。以神煞之說。竄入祿命。支離誕衍。窮累莫殫。其說愈精。其學愈絕。四曰錯舛。永樂大典。所存古籍。承學之士。既難寓目。通行坊本。

如星平會海等書。脫文誤字幾於不能句讀。展轉翻刻。謬種流傳。由前二說。搢紳先生、或鄙夷而不屑言。由後二說。雖欲言之。不待終卷而已有望洋之歎。此江湖術士之日益多。而能舉其學而返諸古以求適於今世之用。以興化而致治。豈獨其人未見。亦且其語未聞矣。如樹珊者。庶幾能舉其學而返諸古以求適於今世之用者哉。樹珊嘗出命理探原八卷。屬余爲序。未有以應。別後二年。復成大六壬探原。選吉探原各二卷。益以尊人昌齡先生所撰。養生三要一卷。將以嗣所得者。彙成潤德堂叢書。書再至。乞余弁其簡端。余既歎樹珊之精進。異時相宅相墓。或當尙有專書。而又嘉其能不忘其親。有仁人孝子之用心。蓋技也而進於道焉。故序之。丙寅七月、如皋冒廣生、

吳引孫先生養生三要序

昔太白應長庚而生。有謫仙之目。觀其驅雲作采。喝月成吟。漱沆瀣於三霄。鬱神明於五嶽。非徒搴榮香草。騰異翠虬而已。枳棘之棲。不迷於鸞鳳。

竹柏之性。遠謝乎蜩蟬。故能越六凡。離五濁。飄飄乎若嵩山之高。滄海之深焉。誰爲嗣音。實難作者。或意豪而傷於盡。或氣激而失之剽。身之不存。道將安附。是必言動无妄。克崇有實踐之功。清介居衷。一峰樂著書之趣。洗汪伐腐。砥行飭躬。而後坐堪辟穀。行亦餐霞。聚精氣於三華。服金液於九轉。若樹珊者。殆能得家學之淵源。而導後儒之秘蘊者乎。古之養生者。沈浸禪機。咀含醫理。高彊三折、斷腸胃而膏神思。邈千金分刀圭而必驗。所以范文正等爲醫於爲相。陸忠宣既活國又活人。宜其學博而通。氣閎以達。喬新涇野。如接乎宗乘。若水楓山。早傳其法鉢。今樹珊出　尊人所著養生三要見示。苟得其　尊人全集而讀之。更可發滄浪之旨趣。通先賢之心傳。在彼法爲最上乘。在吾人爲成仙訣。閒抛南極。笑指東溟。樂鯉庭之得三。誠馬尾之當五。緇衣好賢。美彰於繼世。青箱績學。光延於來茲。所惜商邱未獲全書。子湘已欽善本。一字見義。萬趣會文。曲引旁疏。橫鉤豎貫者。其爲袁氏家乎。嗟嗟。藤蘿無恙。未免青山笑人。卷阿以安。只有白鷗招我境負人乎人負境乎夫亦歎遭遇之不常而人生之如寄也追憶前塵宛如夢寐東風一度流水三生後之蹤跡可取而鑑焉是爲序民國八年己未夏五月庚午鄉愚弟儀徵吳引孫拜序於滬濱旅次

李樹人先生撰　先考昌齡公家傳

君姓袁諱開昌字昌齡廣陵良醫也性端凝寡言笑不慕榮利好讀書不間寒暑嘗曰范文正公有言不爲良相當爲良醫人生不能致君澤民無已其以醫濟世乎遂潛心岐黃家言見醫書輒節用購置或假借抄寫久之醫學日進而通於神鄰有媍服紅礬咸謀救無術君命服鴨血慶更生戚蕭遐衢疽發背勢將陷羣醫束手君投以補劑乃霍然起復以火鍼刺之匝月愈吾郡有軍官某患禿瘡髮盡落僉悞爲楊梅君曰此氣虛攻毒藥不可服命服參芪髮竟復生又有胥姓婦病黃腫醫悉謂臌脹經數醫不瘳君按其脈曰孕也若何誤攻之乃授以扶胃安胎藥不三月生一女君醫之精類如此光緒乙未夏秋間時疫行死者衆君製藥濟貧民頗多

全活。噫、君立願爲良醫以濟世。今醫痊實繁。君眞可謂良醫。而亦副其濟世之願矣。生平喜閱醫宗金鑑。謂其中正無偏。故治疾悉遵古法。而奏效亦因此。君於醫、眼科、外科、爲最精。而治外症、善用火鍼。醫外、精卜筮。多奇中。顧不以此名家。故居廣陵。己丑春。因愛吾郡江山。遂徙居焉。子阜、得君卜筮術。名甚噪。然亦知醫。君晚輯醫門集要八卷。年五十五。卒於吾郡。

論曰、語曰、上醫醫國。中醫醫人。士君子不能出而醫國。僅僅醫人。其心亦大可哀矣。顧君之精於醫。祇在悉遵古法。而中正無偏。遂乃生死人而肉白骨。夫醫人且然。況醫國乎。今者歐風東漸。喜新好異之徒。棄亙古固有之綱常而習夷狄之邪說。其卽君鄰婦之服紅礬也。而內患外難。紛起迭乘。又卽君戚之疽發背也。顧患難旣迫。而政治愈亂。更卽誤以治楊梅者治禿瘡。治臌脹者治孕婦也。而其源則在不遵古法。好奇邪而惡中正。安得君以醫人者。起而醫國乎。而君僅以醫人傳。不得爲良相。徒爲良醫也。悲夫。丹徒後學李丙榮拜譔

養生三要目錄

衛生精義

醫師箴言

龔貢謨先生增訂命理探原序

時至今日。歐風東漸。科學昌明。凡事重實驗。不尚空談。憑眞理。不務虛幻。舉五行生尅、時會氣數之說。概置勿論。蓋命之一字。虛無縹緲。玄之又玄。

在昔孔子、所以罕言命也。雖然。孔子罕言命。孔子又何嘗不言命。如對子服景伯曰道之將行也與命也道之將廢也與命也。又曰不知命、無以為君子也。是孔子罕言命實孔子重視命、而不輕言也。孔子蓋實見夫命之理微。休咎悔吝。寓於玄機。參互錯綜。推求不易。故平日曾以假年學易。冀深究吉凶消長之理。進退存亡之道。昧者不察。以為孔子且不言命。不亦誣乎。江都袁君樹珊夙承　庭訓。家學淵源。少時克岐克嶷。舉凡星命各書。無不殫精竭慮。因流溯源。宜乎名重一時。觀其所著命理探原一書。極深研幾。探賾索隱。凡昔人所著命書。無不搜輯。兼能參互考訂。致遠鈎深。于命理之奧窔者。均能闡發而彰明之。發行以來。無不爭先快覩。以為討論命理之模範。刻因復加考訂。重付剞劂。措詞命意。精益求精。余於瀏覽之餘。深知袁君學有本原。斷非率爾操觚者所可同日而語也。且細繹全書之旨。并不尚空談。而仍重實驗。不務虛幻。而仍湛眞理。固迥異於虛無玄杳也。爰不揣譾陋。而為之序。以誌景仰之忱云。丙寅年三月古閩貢謨

龔陰杉序於金陵客次

命理探原自序

客有問於余曰。聞子有命理探原之作。信乎。余曰然。客曰。當今之世。優勝劣敗。弱肉彊食。其號爲優與强者。大都攘臂爭先。攫取名利。捷足則得。綏步則失。若安貧守拙。委諸命運。非所以處今之世也。子之所作。得毋違反世道。阻礙進行乎。余應之曰。唯唯否否。夫恒言所稱優勝劣敗者。理也。弱肉强食者。勢也。然有優者未必勝。劣者未必敗。强者未必盡食弱肉。弱者未必盡爲强食。觀於士人。有長於學問。而科第維艱。商人有絀於營經。而贏獲至厚。甚至强者反供弱者之驅策。弱者竟制强者之生命。此其間理勢皆退處於無權。非命之爲而誰爲乎。若不知命而妄與之爭。必致寡廉鮮恥。敗德喪身。而天下無良善之人矣。如是而欲家齊國治。豈可得哉。孔子曰。君子居易以俟命。小人行險以僥倖。君能三復斯言。即知命學之當重。而余之作是書。有不容緩者也。客曰。如子所言。命學誠綦重矣。然古書具在。亦何用子嘵嘵爲哉。余又應之曰不然。夫唐以前之命書。吾不得而見之矣。唐以後之命書。如徐子平、徐大升、劉靑田、萬騏、王銓、張神峰、萬育吾、沈孝瞻、沈塗山、諸先賢之著述。吾得而見之讀之矣。然其中有有起例、而無議論者。有有議論、而無起例者。有失之繁蕪、而不精確者。有失之簡略、而不賅博者。非惟初學難以入門。卽久於此道者。亦多不明其奧窔。余之所作。由淺入深。分門別類。採擷衆長。屏除諸短。間有古人義理未明、起例未備者。則妄參管見。以補足之。非敢謂羽翼先賢。要不過爲知命之君子盡忠告焉耳矣。客既退。爰略次諸言於簡端。以爲之敘。民國四年歲次乙卯仲冬上澣江都袁阜樹珊識於鐵甕城西之潤德堂

命理探原凡例

一此書大旨。以徐居易淵海子平爲主。間採各家。而以劉靑田所註之滴天髓。沈孝瞻所著之子平眞詮。爲最精當。與諸書不同。故所採獨多。

一是編纂述前人者爲多。間有重者刪之。冗者節之。略者詳之。疑者闕之。

然俱標明著者姓字。或載明出自某書。不敢掠美也。

一是編凡妄參末議。及畧有發明之處。概加按字以別之。

一自來著命學書者。皆不詳言本原所以然之理。恐人費解厭讀。故學者每於幹枝生尅、合衝刑害之義。亦多茫然。甚至無識者反謂幹枝二十二字。乃人物事之代名詞。並無五行生尅寓乎其間。可慨也夫。因是不避繁瑣。特引易經、尚書、禮記、獨斷、陰符經、白虎通、淮南子、春秋繁露、史記、律書、說文、尸子、五行大義、空同子、蠡海集、輟耕錄、瑞桂堂暇錄、羣書考異、淵海子平、三命通會、協紀辨方等書。以證明之。間有不甚明瞭及未備者。則據己意以闡發之。非敢辭費。蓋欲使學者知古人定名具有精義在也。

一起例散見諸書。從未有一家完備者。此編推年法、推時法、推大運法、與夫胎息變通等法。俱本於淵海子平。推宮法則本於俞曲園太史游藝錄。推限法、則本於閩汀廖瀛海星平集腋。至於推年法、推日法、推流年法、及推大運交脫法。他書均畧而不詳。茲特謹據管見所及以補足之。俾初學者一覽了然。

一五行生尅及枝藏五行。不列於本原。而列於起例者。蓋便初學推演比、食、財、官、印而設。讀者幸勿疑之。

一比、食、財、官、印。因十幹生尅定名。其義甚微。其理至精。先賢固未明言。後學尤難領會。皐天資魯鈍。學殖荒蕪。安能妄解。然觀於人情物理、治亂興衰之道。與此若合符節。故特著淺說以申明之。古人有云。觀鬬蛇而字法進。觀舞劍而畫事工。由此類推。益信斯言不謬矣。

一子平、神峰所載神煞、詳畧不同。且未言吉凶所以然之理。而用法亦不完備。人每疑之。茲選近理切用者二十種。參考各家折衷諸說。既詳其本原。復述其用法。不獨便於後賢。且可存古人星命之眞諦也。

一比、食、傷、財、官、殺、印之宜忌。其所以然之理。前人多有未道及者。茲選子平撮要、玄機賦、古歌、所載之成法。分爲七篇。皆據檮昧之見。一一釋之。

高明之士。倘能加以鍼砭。匡其不逮。則幸甚矣。

一取用神法。諸書散見。且議論各別。從未有綱舉目張者。故初學讀之。每多不解。茲編詳加選擇。參以愚見。另列一門。俾易升堂入室。

一化合刑衝之作用。他書所載。繁簡不同。茲編以三命通會、滴天髓、子平眞詮爲主。更附管見以說明之。

一評斷運歲之議論。悉本先賢。若宮限之吉凶。前人俱未道及。有及之者、亦不過泥於星盤而已。阜留心實驗。深知宮限之向背。與命運有絕大關係。當以生剋制化、合衝刑害之理。衡之。故特詳細說明。

一論六親婦幼。只採滴天髓、子平眞詮二家。蓋其文簡理足。皆由子平變化而出也。

一雜說採集諸家。足補命學書之不逮。閱者毋忽視之。

一先賢名論。美不勝收。茲特選其理明詞達。最合實用者二十四篇。學者若能潛心玩索之。即可游刃有餘。至於首列子平源流考者。蓋欲示人以命學源流及命學變遷之梗槪也。次及明通賦、而結以論雜格、論星辰無關格局者。蓋由唐至淸循序而來也。

一末附潤德堂存稿、及星家十要者。一可爲初學之藉鏡。一可爲星家之格言。究心斯道者。尤宜加意。

一星命叢談。乃節錄古今名公鉅卿、鴻儒碩學之著述而成。其間有發議論者。有紀事實者。旣可爲星命學之考據。又可爲星命學之成績。三復此書。卽不致怨天尤人而爲守分安命之君子。其有裨於身心。豈淺鮮哉。

一通天地人謂之儒。百家藝術。皆士大夫所宜究心。況榮枯係乎一生。豈可胸無成竹。此編簡括明備。人人易曉。但能讀書明理者。畧一披覽。就自身八字對書考證。則榮枯立辨。得失可知。未始非立身修己之一助云。

命理探原卷一目錄

命理探原卷二目錄

推通法　推小運法

命理探原卷三目錄

强弱篇

天幹生旺死絕　五行用事　四時休王

神煞篇

天德　月德　天赦

天乙貴人　文昌　華蓋

將星　驛馬　三奇

金輿祿　六甲空亡　四大空亡

十惡大敗　四廢　天地轉煞

刼煞　亡神　天羅地網

咸池　陽刃

命理探原卷四目錄

命理探原卷五目錄

命理探原卷六目錄

命理探原卷七目錄

命理理探卷八目錄

議論　　紀事

補遺

叢譚　古今地名異同歌訣　論流年神煞月建吉凶

中氣解　地枝字形辨　化氣生尅之名詞書

答問小限遁幹書　子平五行說　辨羊刃

心算宮限法　心命歌　李虛中推命用時考

珊按、初稿精刻木版。全編目錄如上。增訂之稿。擬付石印。尚未出版者。其目錄稍有變更。附誌於下。神煞篇、以金輿祿、易月將一篇。宜忌篇、增論四柱總綱、論幹枝覆載、各一篇、用神篇、增論命總法二篇、論用神法、論生年法。論月令法。論日主法。各一篇、論生時法二篇。刪論用神。論用神緊要、各一篇。評斷篇、增論大運吉凶二篇、論流年吉凶二篇、論太歲、論月建、各一篇、婦幼篇、增論女命一篇。先賢名論篇。增珞琭子三命指迷賦一篇、論納音五行一篇。潤德堂存稿、增乙木二篇、丁火一篇、戊土一篇、巳土一篇、庚金三篇、辛金二篇、壬水一篇、癸水一篇、星家十要、以廉潔易戒貪一篇、附錄增幹枝五行之數學研究一篇。

羅子經先生六壬探原序

占卜之學。原本於周易。由來舊矣。然向無簡明之書闡發其旨。蓋治斯學者。多非士人。縱其人深明數理。有所纂述。而筆無機緒。辭不達旨。致閱者茫如。如斯而欲藉其書以探其術。奚可得耶。袁君樹珊、士而隱於卜者也。余耳其名久。喪亂以來。竄迹海濱。每俯仰無聊。輒欲就君爲蓍均之卜居。而忽忽不果。但得讀君所著之命理探原、選吉探原諸書。覺其辭旨明暢。可與俞曲園之游藝諸錄相頡頏。信乎非術士之所能爲也。頃又以近著六壬探原郵示。並索序言。按六壬占法。吳越春秋、越絕書、即已載之。其後隋唐諸史。均錄其書。而多不傳。至明郭載騋搜輯舊說、爲六壬大全。較稱賅備。然論者謂爲眞僞參半。後此不少作者。大率與郭書等。今得君探原闡發其旨。將大明。而君之術益工。學益進。固可知也。余雖不明此學。然頗年探討舊籍。頗覯秘本。試舉其名。其屬於明鈔者。曰六壬總要。四十八卷、郁彥淸撰、明徐興公、謝在杭藏書、曰六壬雲開觀月經。曰六壬集要四言斷。均不著撰人、曰六壬集應鈐。題龍臺逸史撰、有孔治中自序、不分卷、多至數十册、屬於舊鈔者曰大六壬彙纂不著撰人、曰六壬原古孟淑孔撰、凡此諸書。觀君參考書目中。均未之及。惜乎當時不以詔君也。余於今年春始因鮑君扶九之介。識君於京口。鮑君爲余言君賣卜所入。恒以贍親族濟貧困。不事私蓄。其風義爲叔季所希聞。故余重君之人較之多君之術。爲尤深且摯也。時乙丑仲冬月上虞羅振常序於海上寓居之修俟齋

唐子均先生六壬探原序

江都袁樹珊、以卜遊鐵甕城西。非市井碌碌人也。其尊人精醫卜。潛德不曜。樹珊世其家學而擴大之。而卜爲尤著。好與士大夫往還。吐屬浩浩落落然。指事類情。聽者忘倦。暇則讀線裝書。經史百家之屬。能通知其意。吾嘗贈之詩、有曰。卜自君平道始尊。而今此事又推袁。迷津指罷江天暮。手

疊叢殘自閉門。乙夜端居儼鯉庭。醰醰有味一燈青。書聲不斷瓶翻水指向兒曹說六經。其旨趣可想。嘗撰命理探原版行於世海上書賈、翻刻以牟利者踵相接。樹珊聽之。、曰吾閱世之操此術者。寡明師益友。所得於江湖詞訣大都沿譌襲謬。足以誤人吾書簡明而精確。庶幾暗室之一燈也。其用心之嘉矜而普徧也顧如此。頃又撰輯大六壬探原成。郵寄清史館。囑爲之叙。予於此事未嘗涉獵。然能必其書爲簡明精確。有益於治此術者。蓋以樹珊之學力、與其前著而信之。嘗謂吉凶悔吝生乎動。非不可動。要與靜相消息。今有人奮擲跳踉。終日而不止。其危亡可立而待矣。橫矚天地間。氣矜者動。號爲謹愿者亦動。權勢者動。僻處鄉土者亦動。男子動於外。婦女亦不肯靜於其內。少壯動於前。童騃亦不肯靜於其後。以至農工商賈之流。莫不攘袖奮臂。一呼而百應。其實一二魁傑者。發縱指示。坐收其利。他之千百萬人無與焉。數十年來景象歷歷。至今未已吉凶悔吝。如環無端。如響斯答。而猶不之悟。哀哉。六壬之數。吾未之學也。然聞其道出於易。度其理亦不過如此。讀樹珊之書者。以吾說爲何如。抑不知與六壬之旨大相舛馳否。昔嚴君平與人子弟言、一依於孝順。各因事導之以善。人有邪惡非正之問。則依著龜爲言利害。習樹珊之書、而市其技。其取君平傳而觀之。抑亦樹珊之意也哉。乙丑五月丙子朔越十有八日癸巳小暑節丹陽唐邦治撰於都門

大六壬探原凡例

一本書共分三篇。一推演、由古時至年命。諸式咸備。次序鱗列。惟講解則力求淺顯瀏亮。不務艱深。學者無須師承口授。自可一覽會通。二論斷、凡壬學所以判吉凶。決休咎。種種要法。務期力避繁蕪。意賅言簡。三集說、皆採集古人名論。有發明課體義蘊者。有詳考論學源流者。細心玩之。不難由淺即深。末附先賢傳畧。尤堪爲後學楷模。因限篇幅未及具載。容當另輯專書。以表章之。

一歌語、爲演課之秘訣。初學讀之。每難索解。因分附於諸說之後。庶幾互

相印證。較易了然。

一月將、謹遵協紀辨方書、交中氣後。始可更換。如正月甲子日寅時雨水。當用亥將。若在丑時前占課。仍是子將之類。姚少師廣孝。超神法。陽從生數陰從成數之說。殊不足信。

一涉害課、最難發用。當視所涉淺深取爲初傳。六壬大全所載古歌甚是。惜於復等課。柔辰剛日之說。未能掃除。其附列總鈐不合法者。亦有十九課。指南經、諱類聚、不論所涉淺深。但論所臨孟仲。雖曰簡易。失古遠矣。尋原、輾轉鈔襲。謬誤益多。粹言略知其法。而所載之圖。仍未更正。說約、雖論所涉淺深。而專視十二宮中所藏人元。如寅宮藏甲丙戊。未宮藏乙己丁之類。畫蛇添足。尤難盡信。茲遵課經、課黔、輯畧、睎斯、及古今圖書集成藝術典等書。說明所涉淺深之次序。考定三傳之是非。俾初學有所依據。末附六十花甲子日、七百二十課之三傳。備載重要名稱。以便檢查。

一貴人日夜順逆之分。諸書每有異同。兹遵尋原及協紀辨方書爲主。列圖設例。一一說明。

一行年之法。當遵大全。蓋天開於子。地闢於丑。人生於寅。故男一歲起丙寅順行。而女年取陰陽對待之義。一歲起壬申逆行。此易知簡能之理。振古如斯。後之變其說者。以男女所生各甲之丙壬起行年。殊屬無謂。茲恐學者疑慮。特列表以明之。

一壬課神煞甚多。頗難記憶。茲載德煞八種。爲斷課所必需。如布帛菽粟。日用所不可缺者。學者果能融會貫通。自可見微知著。愼毋謂平淡無奇而忽視之。

一課經、畢法、議論精深。乃壬學之圭臬。惜卷帙浩繁。初學讀之。往往望而生畏。不能終篇。本書論斷篇。自占時月將至破害刑衝。簡要不煩。大半取材於此。

一占事只須明白主客界限。及各種類神。然後就論斷篇所列二十二章。

一推勘之。吉凶從違。自有定見。故本書只節錄經諱十三事。以資模範。其他分類斷語。千篇一律者。概不取。

一課體吉凶。關係綦重。課經、心鏡、所載名目。繁瑣議論。淵深初學。讀之茫無涯際。經諱、雖只列九十種。上自賊尅。下迄空亡。其大端已具。惜語多重複。徒占篇章。茲特删繁就簡言之。

一本書薈萃諸家。注重實用。又蒙崑山張師（芬）敬甫審定。吳縣馮君（士澂）含青匡正。第恐見聞仍屬膚淺。遺漏孔多。尚望海內　高明多方賜教。是所企祝。

大六壬採原參考書目

六壬心鏡八卷 唐肅宗朝不欲子東海徐道符撰

六壬一字玉連環一卷 宋盧溪徐次賓撰

六壬口鑑二卷 宋徽宗朝邵彥和撰清南村註抄

六壬占驗四卷 撰人同前清光緒庚辰午亭氏抄本

六壬捷錄餘義一卷 明尹希吉撰抄本

六壬金口訣六卷 明萬歷丙申新安赤岸眞陽子撰

六壬大全十三卷 明古博郭載騋御青輯清康熙甲申刊本

六壬指南五卷 明廣陵陳良謨公猷撰清康熙朝刊本

命理約言十卷 清海昌陳之遴撰所論有與六壬相通者
六壬精蘊二卷 不著撰人名氏抄本
六壬未悟書一卷 不著撰人名氏西蜀劭房徐良敬錄
六壬滾盤珠一卷 不著撰人名氏抄本
六壬鬼撮甲三卷 不著撰人名氏抄本
六壬銀河棹二卷 不著撰人名氏刊本
六壬經緯六卷 清京江毛志道撰雍正乙巳刊本
六壬纂要一卷 清海甯周宗林明上輯雍正甲寅刊本
六壬輯畧四卷 清鴛湖載龢美德輿輯乾隆朝抄本
六壬眎斯二卷 清越循葉悔亭輯乾隆乙未刊本
六壬說約四卷 清張鉱江村撰嘉慶庚申稿光緒丙戌刊
六壬尋原四卷 清秀水張純照輯嘉慶庚午刊本
畢法集覽一卷 清古歙程樹勳愛函輯同治壬申刊本
壬學指要十二卷 不著撰人名氏嘉慶壬申吳秀山抄
壬學瑣記一卷 清程樹勳愛函撰
竇日樓六壬黔六卷 清湖橋生輯道光甲辰抄本
六壬神應經四卷 清桂林唐維經秀峯輯道光甲辰刊
六壬粹言六卷 清蛟門劉赤江慕農輯道光丙戌刊本
六壬類聚四卷 清臨川紀大奎向辰輯刊本
六壬辨疑四卷 清壽昌張官德次功撰咸豐辛亥刊本
六壬摘要六卷 清三藍李佃伯陶輯光緒甲午刊本
六壬游藝錄一卷 清德清俞越蔭甫撰刊本
清纂圖書集成藝術典六壬部 史記
前漢書 高士傳

勸戒錄

大六壬探原卷上目錄

推演篇

大六壬探原卷下目錄

論斷篇

選吉探原自序

拙著選吉探原甫脫稿。就正於楊君石葭。石葭欣然謂余曰。子知選吉要道。太歲、歲破、大凶三煞、亦大凶。又知某日宜某事。某日不宜某事。稽考古籍。纂述成書。以此示人。俾知趨避。意良美也。吾家世鄉居。日與羽族習。有目睹二事。爲子言之。既可證選吉之說。又可見物理之通。小物不遺。儻在於是。夫鵲善營巢。人所知也。至每年坐向各有不同。人或不察。余嘗留意及之。凡子寅辰、午申戌、六陽年所構者巢之門戶。坐東西、不向南北。丑卯巳、未酉亥、六陰年所構者巢之門戶。坐南北、不向東西。數十年來歷驗不爽。此非避歲破、三煞、而何耶。又梁燕作巢終日辛勤。無時或輟。惟戊已二日決不啣泥築壘。只見其飛翔瞻顧而已。此非避戊已凶煞而何耶。夫物類如鵲燕渺乎小矣。乃其智識、竟與人不謀而合。亦可異矣。余聞之憬然曰。君誠有心人也。曩讀博物志云。鵲巢門戶皆背太歲。抱朴子云。鶴知半夜。燕知戊已。竊嘆鳥之巧識天機。竟能如是。然猶疑信參半。今聞君言。若合符契。益信選擇家所謂太歲可坐不可向、三煞可向不可坐、與夫五黃煞、戊已煞、均忌動土之說。衡之於理。既鑿然不易。驗之於物。益信而有徵。可知選擇之學。自秦漢以迄於今。數千年來得以相傳於勿墜者。固有自來也。楊君曰唯。爰次往復之說。弁於簡端。以告世之侈譚高遠而鄙選擇之學爲不足道者。江都袁阜樹珊甫自識

選吉探原凡例

一邱平甫選吉歌云。方方位位煞神臨。避得山過向又侵。只有山家眞旺處。天機妙處好留心。枝如不合幹中取。迎福消凶旺處尋。任是羅睺陰府煞。也須藏伏九泉陰。讀此可知選吉以幹枝衰旺爲體。方位神煞爲用。若泥於神煞不辨衰旺。有用無體。豈能迎福消凶乎。本編大旨論神煞。則專以隨從太歲月建之重要者爲主。論選吉造葬。則以幹枝正五行旺氣、扶龍補山、益化命、助本命爲主。入學、上官、婚姻、嫁娶、開市、交易、栽種、牧養等事。則以輔佐値事人本命爲主。其餘瑣碎怪異之神煞。概置不論。

一協紀辨方書、所載神煞雖多。而開山立向修方吉者。年家惟歲德、歲德合、歲枝德、歲祿、歲馬、陽貴、陰貴、奏書、博士、三元紫白而已。月家亦惟天道、天德、天德合、月德、月德合、月空、貴人、祿馬、三元紫白、八節三奇而已。餘如蓋山黃道、通天竅、走馬六壬、四利三元。按其實際、與歲德、歲德合、小異大同。本編論開山立向修方、皆基於此。年家只載歲德、歲德合、月家亦只載天道、天德、諸吉神。餘均不論。惟精惟一。庶趨避較簡易爾。

一本編開山立向修方凶者。年家只載太歲、歲破、刼煞、災煞、歲煞、伏兵、大禍、五黃、戊己都天。月家只載月建、月破、刼煞、災煞、月煞。餘均不論。協紀辨方書云。太歲、歲破、不可犯。三煞猶可制化。況其他乎。可見眞正凶煞。惟此數者而已。至陰府、年剋、打頭火、浮天空亡、大小月建。協紀利用篇、多非議之。不得謂爲凶煞。故概置不論。其餘小煞。更不足道也。

一本編月表。以月爲綱。以日爲目。月首起建。歷建、除、滿、平、定、執、破、危、成、收、開、閉。而十二枝咸備。每枝分五幹。而六十甲子咸備。按照逐月幹枝。凡吉神多者。應宜各事。悉遵協紀辨方書、逐日註明。凶煞多者。應忌各事。概不列入。大凶之日。卽註諸事不宜。其有註一概無取者。因只不宜本編所載祭祀、祈福、求嗣、入學、上官、赴任、結婚姻、嫁娶、移徙、安床、修造、動土、安葬、啟攢、一十九事。而協紀辨方書所載沐浴、剃頭、整手足甲、伐木、捕捉、畋獵等事。是日或有註宜者。因此等事、於人生關係至微。爲本編所不選及。故只註一概無取。以示區別耳。

一選吉要道書有明文。視事體之大小緩急。辨神煞之向背從違。萬年書載御用六十七事。民用三十七事。通書亦載選吉有六十事。可謂完備而詳明矣。本編僅擇其爲人民所常用。如上條所載之十九事。名目雖減少。而敬天地、孝父母、教子孫、敍彝倫、與夫冠婚喪祭、士農工商所恒需者。悉已包括無遺。善用者觸類旁通。必可左宜右有。無取乎繁瑣爲也。

一本編選年篇。載明廿四山向、及年家吉凶神煞。孰宜孰忌。凡選吉造葬者。一經檢查。自能明瞭。

一本編選月篇。亦載明開山立向修方吉凶神煞。細心檢查。則山向方道之吉凶。瞭如指掌。而修造葬埋。孰宜孰忌。立可解決。

一本編選日篇。載明值事人本命凶煞幹枝表。凡選吉日。總以值事人本命、不犯枝衝、三煞、天罡四旺煞。乃爲十全。其有不及迴避枝衝而能不犯本命八煞者。亦能召福。閱者愼毋忽之。

一本編選時篇。最爲簡明。凡與値事人本命、及所用山方、所選之年月日。生扶拱合。或得長生、貴人祿馬、貴登天門、四大吉時者。皆爲吉時。與値事人本命、及所用山方、所選年月日等處、犯刑衝尅害者。皆爲凶時。至六十甲子、時家吉凶神煞。槪置不論。庶免吉凶聚訟。無所適從之患。

一本編月表。逐日幹枝註宜之事。乃是固定不移。其中有隨太歲幹枝、變更吉凶者。如上朔、歲破是也。有隨節氣變更吉凶者。如土王用事、四離、四絕、氣往亡是也。有隨日期變更吉凶者。如月朔、月望、十五日義同 月晦、月忌、及周堂圖、値夫婦翁姑是也。閱者須將月表須知數條。細心熟玩。始無遺誤。他如結婚姻、嫁娶、是兩事。動土、破土。亦是兩事。世俗不察。每多貽誤。故特冠之於首。

一協紀辨方書云。五行名目。多不可言。要以正五行爲本。俗術不明此義。勢必動輒得咎。無所適從。如以甲山而論。正五行屬木。洪範五行則屬水陰府五行則屬土墓龍變運則又屬火或又屬金行止有五而一山已占其四一年月日時、而幹、枝、納音、化氣又占其四求其不尅不亦難乎此誠破的之論也本編謹遵此旨利用篇所採皆先賢造命眞詮專以正五行爲標準其他駁雜不純似是而非者不錄至吳興沈亮功所立補龍表其法本諸補龍古課堪爲二十四龍取局之用淺顯易明尤爲捷訣特取用焉若修造安葬權法雖屬變通實有至理造葬者苟山方不利或爲天時人事所限儘可如法用之

一邱平甫云諸家年月多差舛惟有紫白郤可憑桑道茂及一行禪師又云紫白所到方不避太歲將軍、官符、諸凶不避宅長一切凶年惟不能制天罡四旺煞而已則紫白之吉古所共宗就此觀之天罡四旺煞之凶概可想見而歲破、刧煞、災煞、歲煞、伏兵、大禍之凶其力尤大更當謹避故本編於年月紫白表中不惜一再言之

一楊筠松千金歌云三奇諸德能降煞吉制凶神發福多可見三奇諸德

之吉。足以制伏中煞小煞。故本編於三奇、諸德。一一列表載明。而於三奇、尤爲詳細。庶閱者易於檢查。

一辨譌四篇。其一爲大偷修日通書美其名爲諸神朝天。謂爲動土破土。可以肆無忌憚。其二爲重復日有不忌葬埋。而世俗有誤爲概忌葬埋者。其三爲二十八宿本無吉凶。玉匣記指吉爲吉。指凶爲凶。轉使眞吉眞凶。不能趨避。其四爲董氏諏吉新書。選吉之道。並無眞詮。惟誘人以黃羅紫檀、金銀寶藏、田塘庫珠。嚇人以損長幼、招官司、蛇傷虎蛟。使人不得不信。此皆譌言謬說。最足誤人者。不可不辨。

一選擇宗鏡云。大煞避之。中煞制之。小煞可不必論。但得八字停當吉星照臨。自然貞吉。若揑造之假煞。删之而已。如楊公忌、紅沙、天狗日、上兀、下兀、四不祥、九良星、披麻煞、斧頭煞、魯班煞、星曜煞、衝丁煞、消滅煞、山方煞、李廣箭、日流太歲、天地燥火、黃泉八煞、金神七煞、天地轉煞、入地空亡。種種名目。不勝枚舉。毫無義理。概從删除。

一附錄十三篇。始則說明建寅。不始於夏。及建除十二神由來已久。與夫四大吉時之詳解。繼則歷叙婚嫁喪葬之禮。並誌石墓碑之必要。終則殿之以憂氏擇日之神妙。俾資藉鏡。非辭費也。

一本編法雖簡易。語必求詳。俾人人得識普通選吉之道。惟著者弇陋。漏定所不免。仍希海內博雅君子。惠以教言。匡其不逮。則幸甚幸甚。

選吉探原卷上目錄

選吉探原卷下目錄

述卜筮星相學卷八終

受業　丹徒張頤壽延　江都田德明一仙　同校

錢跋

曩讀諸葛武侯集。侯撰司馬季主墓碑銘詞有云。先生理著。分別剛柔。鬼神以觀。六度顯明。又讀王右軍十七帖云。嚴君平有後否。鮑參軍蜀四賢詠云。君平因世閑。得還守寂寞。閉簾著道德。開卦說天爵。高風千古。令人仰止。今春正月道出京江。偶晤袁君樹珊。得讀其所著述卜筮星相學一書。鎔冶經史。薈萃中西。非惟彰往察來。且可教忠勸孝。吾益信武侯季主之銘。參軍君平之詠。其識見高遠。有非常人所可及者。余於卜筮星相之道。未嘗研究。不敢言及高深。謹就大著所載。卜筮星相學與科學相通之義。畧將五行生尅合化之理。證以科學引伸說明。俾世之留心斯道者。知五行作用。不同泛設。進而求其至理。未嘗不可濟美前賢也。

一曰水能生木　今人以常識論之。莫不謂土能生木。非水能生木也。其實生木者水也。非土也。試觀插秧於田。得水潤之。則發榮滋長。即知水能生木。毫無疑義。若僅恃單獨之土質。而無雨露以潤澤之。其枯槁可立而待。豈能發榮滋長哉。或曰水能生木。信有之矣。然無土以載之。亦難見功。
曰、土爲木之宅舍。水爲木之飲食。猶人之無宅舍、則不能安居。無飲食、則
不能生活。然飲食爲先。宅舍爲後。故曰水能生木。
二曰木能生火　鑽木取火。盡人皆知。觀於煤鑛之自然爆發。其爲木能
生火。尤爲顯著。蓋煤之生成、皆由古代之巨大森林。沉埋地下。積久使然。
其積藏愈久者。則煤之生火力愈大、趁勢爆發。理所固然。故識者曰、煤之
本質、卽木之變質。經謂木能生火。良有以也。
三曰火能生土　世人驟聞此說。莫不謂爲有乖常理。若證以農家用肥
田粉、培養土力。卽可知火能生土。確有至理。何則肥田粉中、重要之原料
在燐。燐卽火之精也。農夫但知其肥田而已。安知其有火能生土之作用
哉。
四曰土能生金　自來科學家、皆謂五金鑛脉。由地心內部熔漿。受種種
壓力。隨勢浸入地內之隙縫而成。果如斯言。則各種鑛脉。皆應生於地內

深處。勢必本源連續。形迹可稽。何以凡屬鑛脉。並無本源。其生成位置。及本質形狀。亦莫不錯綜複雜。無可名狀。且多在地表近處。發現細微之金屬化合物。此種金屬。究由何來。謂為土能生金。誰曰不宜。

五曰金能生水　近來科學昌明。物質不變之說。已無存在餘地。蓋凡金屬物質。無不漸漸化氣為水。至一定之年限。則其原質自然完全化盡。此世界化學家所共認者也。我國古籍。謂為金能生水。人每疑之。殊屬可哂。他不具論。茲就各地溫泉言之。有含硫黃質者。有含雷錠質者。莫不由金屬鑛質所化而成。此外如雲南大理縣之溫泉。熱度極高。就近居民。竟有將該處溫泉之蒸氣凝成實質。收集之。名曰天生黃。用作藥品。頗著奇效。此衆目所共覩者。非無稽也。

六曰甲己化土　甲屬木。已屬土。木土聯合化而為土。此五行必然之勢。證以化石之為物。尤覺信而有徵。按化石種類繁多。大抵皆由各種動植物。沉埋土中。經若干年後。與土化合而成。民國辛酉年。余在甘肅東蒙古

地方偶拾巨大化石一方紋理宛然質體堅硬其形仍然似木其質已變而爲石矣

七曰乙庚化金　乙屬木庚屬金木金聯合化而爲金證以石綿鑛及琥珀最爲顯明蓋石綿之質如金其形似木琥珀之質如木其形似金此二者皆爲木金化合而成經謂乙庚化金信然

八曰丙辛化水　丙屬火辛屬金火金聯合化而爲水以雷錠證之疑團盡釋蓋雷錠乃含熱最富之金屬物亦金火化合之物也其原質無時不化氣爲水成一自然現象今市上所售之雷錠水即由雷錠自身蒸發時所集得者古書謂火金化水不其然乎

九曰丁壬化木　丁屬火壬屬水火水聯合化而爲木不知者每多疑之然證以北方嚴寒之時有以相當溫濕度培養小王瓜與菉豆芽使其滋長以應社會需要豈非火水化木之明效乎

十曰戊癸化火　戊屬土癸屬水土水聯合化而爲火證以鑛山之自然

光。其理自明。蓋此光多發現於夏月。乃地中鬱積之土氣。與地表蒸發之水氣。相合而成。假使勢雄力大。而又接觸迫促。則發現之聲光。必致非常劇烈。世人所謂雷電者。即此。若就質學論。試注水於硅石。（乃是土質）而加之以熱。則必發生酸素。酸素者、即火之謂也。綜觀上說五行之理。實與我國古籍不謀而合。袁君謂卜筮星相學與科學相通。誠哉斯言。惜難爲捨本逐末、好高騖遠者道耳。己巳孟春慈谿錢庚初謹跋

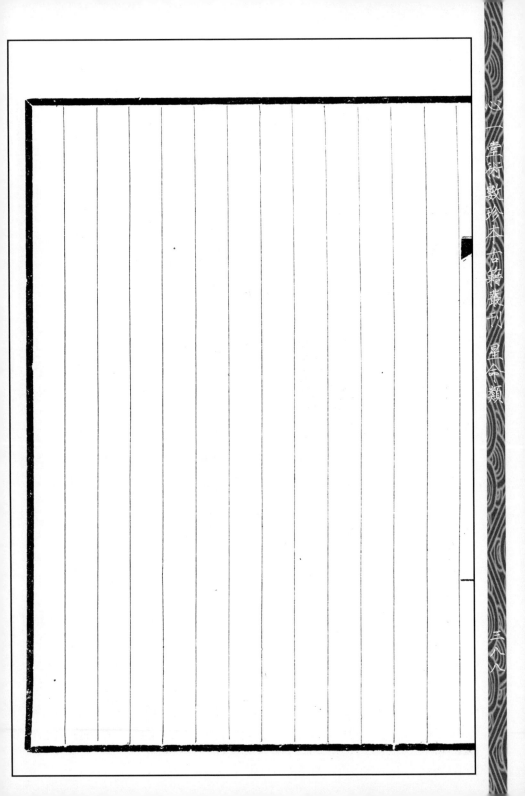

卷數	頁數	行數	字數	誤	正
湯序	一	八	七	抃	扐
	一	十一	二	肎	屑
繆序	一	十二	十二	玄	元
	一	十六	二	祟	崇
	一	一六	二八	暌	睽
	一	一六	十九	决	決
自序	一	四	二一	八	九
凡例	二	四	十一	僊	僊
徵引書目	二	十三	十三	篇	編
目錄	五	十六	一	代字上	脫一歷字
	六	十二	四	名	命
	九	十二	五	决	決
卷一	一	十三	四	義	羲
	三	十九	廿五	鈲	鈲
	三	二十	十一	鈲	鈲

卷數	頁數	行數	字數	誤	正
卷一	四	一	二	流	家
	四	二三	第二二排	生字下	脫一而字
	九	十九	題目	低一格	低二格
	九	二五	十九	己	已
	十	十六	十九	己	已
	十四	四	二	與字下	脫一三字
	十五	六	五	己	已
	十五	十	二	國	圖
	十五	廿三	三	風	雨
	十六	廿五	一	婺	婺
	一	五	八	篇	編
	六	二十	五	旺字下	脫一消字
	六	二十	六	衰	衰
	五	十三	二十	鴝	雊
	五	十五	三	烏	鳥

卷數	頁數	行數	字數	誤	正
	五	十五	四	鴝	雊
卷三	七	十	廿三	瞻	膽
	九	二	八	賞	當
	九	七	廿一	陽	之
	十	三	廿三	數	後
	十四	十	十	土	士
	十四	十一	十九	固	故
	十九	九	四	胃	冒
卷四	三	十一	五	篇	編
	四	二五	六	筴	筴
	六	九	七	裒	衰
	六	十九	一	天字下	脫一人字
	六	二五	四	天	夭
	七	一	二一	宵	霄
卷四	七	三	十九	壺	壼

卷數	頁數	行數	字數	誤	正
	十一	三	二三	藉	籍
	十二	五	十五	生	王
	十三	十	二八	亦字下	脫一必字
	十三	十三	五	長字下	脫性質各異四字
卷五	一	二四	一	魏字上	脫一北字
	一	二四	三	藝術	術藝
	二	二三	六	棃	黎
	三	十三	二四	技	技
	三	十七	一	固	困
	六	十九	二	迂	迂
	七	五	十七	吉字下	脫一日字
	七	二三	十七	悔之	之悔
卷五	八	二一	十六	比	之
	九	九	四	賢賤	賤賢
	十一	十三	二	濂字下	脫一祿字

卷數	頁數	行數	字數	誤	正
	十二	二	二	文	文
	十二	五	一	迂	迂
	十二	十五	五	感	惑
	十二	廿五	十	人	入
	十五	廿三	十五	候	侯
	十七	十	十二	膛	膛
	十七	十四	十九	下徵字	脫一而字
	十七	十六	第一排十	喻喻	喻喻
卷五	十七	廿四	三	雞	雜
	十八	十七	六	亨	享
	十八	二三	一	察	蔡
	廿一	二十	十	爲	謂
卷六	一	十二	七	茲	玆
	一	二四	十七	睽	睽
	一	二五	二五	睽	睽

卷數	頁數	行數	字數	誤	正
	一	二六	第六排廿三	睽	睽
	一	二六	第二排二二	睽	睽
	一	二六	第二排四	睽	睽
	二	六	第六排三	睽	睽
	二	六	第一排三六	睽	睽
	二	八	第二排二八	羸	贏
卷六	二	二六	二四	下宗字	脫一在字
	六	五	五	會	曾
	六	十六	十四	祇	祗
	六	二五	八	下之字	脫一身二字
	七	十	二一	賭	睹
	十二	二十	二十	下是字	無爲字
	十四	五	十	鞕	鞭
	十四	二一	三	常	嘗
	十四	二一	二三	間	門

卷數	頁數	行數	字數	誤	正
	十五	十八	十一	官	宦
	十五	二三	十七	卦	掛
	十五	二五	二五	門字下	脫一房字
卷六	十六	三	三	儿	几
	十六	十一	十	菇	茹
	十六	二十	十七	我字下	脫一為字
	十六	二六	二十	超	趨
	十七	十六	七	入	人
	十九	十五	二五	後字下	脫一亦字
	二二	二六	十六	囊	襄
	二三	八	二	徒	從
卷七	九	十四	五	置	置
	十三	二六	二七	漠	漢
卷八	三	十三	五	類	類
	四	十	八	欲	慾

卷數	頁數	行數	字數	誤	正
卷八	十一	一	四	行	刑
	十三	十六	二五	不撰著人	不著撰人
	十四	二三	二十	論	壬
	十五	七	六	諱	緯
	十五	十	三	巳	己
	十六	一	二一	諱	緯
	十六	四	五	諱	緯
	十六	十八	第一十排	載	戴
	十九	八	十	枚	枝
	二十	十一	二十	决	決
	二二	三	四	憂	夏
	二三	二五	九	人	入

心一堂術數古籍珍本叢刊　第一輯書目

堪輿類

章仲山挨星秘訣（全彩色）
臨穴指南
靈城精義箋（全彩色）
堪輿一覽
三元地理真傳（線裝）
姚氏地理辨正圖說
地理辨正補
欽天監風水正論（線裝）
蔣徒傳天玉經補註
三元天心正運（全彩色）
元空紫白陽宅秘旨（全彩色）
羅經舉要（全彩色）
漢鏡齋堪輿小識
陽宅覺元氏新書
地理辨正補註
許氏地理辨正釋義
三元地理正傳（全彩色）
地理辨正天玉經內傳要訣圖解（全彩色）
地理方外別傳
星卦奧義圖訣（全彩色）
地理秘珍
三元挨星秘訣仙傳（全彩色）
欽天監地理醒世切要辨論（全彩色）
地理辨正抉要
地理法門全書
地理辨正抉要
元空法鑑心法
元空法鑑批點本，秘傳玄空三鑑奧義匯鈔合刊
地經圖說
地理辨正自解

謝氏地理書
地理學新義
平洋地理入門、巒頭圖解合刊
平洋地理闡秘（全彩）
華氏天心正運
地學形勢摘要
司馬頭陀地鉗
鑒水極玄經 秘授水法 合刊
地理輯要
地理辨正揭隱 附連成派秘鈔訣要
地學鐵骨秘 附 吳師青藏命理大易數
趙連城秘傳楊公地理真訣
趙連城傳地理秘訣附雪庵和尚字字金
山洋指迷
三元挨星四十八局圖說
張氏地理錦囊
青囊一粟
堪輿秘訣彙釋
風水正原
風水一書
金光斗臨經
論山水元運易理斷驗、三元氣運說附紫白訣等五種合刊
《沈氏玄空吹虀室雜存》《玄空捷訣》合刊
《玄空古義四種通釋》《地理疑義答問》合刊
王元極三元陽宅萃篇
王元極增批地理冰海附 地理冰海（原本）
地理辨正求真
地理小補（全彩色）
辨正發秘初稿（全彩色）
地理辨正翼
天機心竅等地理秘書四種合刊
李文田注撼龍經
家傳地理陰陽二宅秘斷
地理前五十段、後五十段合刊
挨星考注
地理三會集
三元山水秘密真訣（全彩色）
諸家風水選擇秘訣匯鈔

書目

命理類

命理大四字金前定數（全彩色）
韋氏命學講義
命理斷語義理源深
千里命稿
文武星案上下卷
精選命理約言
斗數宣微
斗數觀測錄
地星會源斗數綱要合刊（全彩色）
皇極數（1－4）
星命風水秘傳百日通
鐵板神數（清刻足本）——附秘鈔密碼表
邵夫子先天神數（1－2）
斗數演例（全彩色）
滴天髓闡微——附李雨田命理初學捷徑
算命一讀通——鴻福齊天
命學探驪集
命理用神精華（原本）
澹園命談
命理尋源
新命理探原
滴天髓微義
蠢子數纏度
先天蠢子神數
《斗數秘鈔》《紫微斗數之捷徑》合刊
命譜
徐樂吾滴天髓微義
徐樂吾命理尋原

占筮類

擲地金聲搜精秘訣
卜易拆字秘傳百日通
易占陽宅六十四卦秘斷

相法類

相法易知
相法秘傳百日通
新相人學講義

手相學淺說
神相全編正義
相門精義
大清相法

三式類

壬課總訣（全彩色）
六壬教科六壬鑰
壬學述古
奇門揭要（全彩色）
奇門大宗直旨（全彩色）
奇門三奇干支神應（全彩色）
奇門廬中闡秘（全彩色）
六壬秘笈——韋千里占卜講義
奇門行軍要略
大六壬類闡（全彩色）
大六壬尋源二種
秘鈔大六壬神課金口訣
秘傳六壬課法附金口訣
大六壬指南
甲遁真授秘集
大六壬尋源二種（上）（下）
奇門心法秘纂（全彩色）
奇門仙機（全彩色）
大六壬探源
太乙鑰
太乙統宗捷要
太乙會要

其他類

述卜筮星相學
中國歷代卜人傳